잠자는 교회 디자인을 깨우라

잠자는 교회 디자인을 깨우라

지은이 · 전은호
초판 1쇄 펴낸날 · 2002년 11월 7일
초판 2쇄 펴낸날 · 2005년 4월 30일
펴낸이 · 김승태
표지디자인 · 전은호
등록번호 · 제2-1349호(1992. 3. 31)
펴낸곳 · 예영커뮤니케이션
　　　　110-616 서울 광화문 우체국 사서함 1661
　　　　유통사업부 T. (02)766-7912 F. (02)766-8934
　　　　　　　　E-mail: jeyoungsales@chol.com
　　　　출판사업부 T. (02)766-8931 F. (02)766-8934
　　　　　　　　E-mail: jeyoungedit@chol.com
　　　　홈페이지 www.jeyoung.com

ISBN 89-8350-248-7　03230

값 8,800원

잠자는 교회 디자인을 깨우라

전은호 지음

예영커뮤니케이션

Member of the
Evangelical Christian
Publishers Association

모든 인간은 하나님의 형상을 닮은 존엄한 존재입니다. 전 세계의 모든 사람들은 인종, 민족, 피부색, 문화, 언어에 관계 없이 존귀합니다. 예영커뮤니케이션은 이러한 정신에 근거해 모든 인간이 존귀한 삶을 사는 데 필요한 지식과 문화를 예수 그리스도의 사랑으로 보급시킴으로써 우리가 속한 사회에 기여하고자 합니다.

추천의 글

김만형

「SS혁신보고서」 저자

에듀넥스트 교육개발원 원장

교육학박사

"Image is nothing, Taste is everything." 미국의 코카콜라 회
사가 코카콜라를 광고하면서 사용한 문구입니다. 이 광고가 지
향하는 것은 무엇일까요? 맛이 중요하기 때문에 이미지로만 그
려 보지 말고 직접 맛을 보라는 것입니다.

우리가 일반적으로 코카콜라를 생각할 때 무엇을 통해서 그
상품을 인식합니까? 그 상품이 갖고 있는 이미지, 곧 여러 광고
를 통해서 우리에게 인식된 디자인입니다. 여자의 몸을 본떠서
만들었다는 특별한 모양의 병, 강인한 인상을 주는 빨간색, 부
드러우면서도 인상적인 이미지를 주는 글씨, 이런 것들이 코카
콜라라는 상품을 생각하면서 떠오르는 이미지입니다. 사람들은
이 이미지를 따라 상품을 기억하므로 보편적인 광고는 이미지
광고 중심입니다. 그러나 이 광고는 맛을 강조하면서 이미지는
아무것도 아니라고 합니다. 이미지로만 머물러 있지 말고 먹어
보라는 것입니다. 이미지 광고에서 좀더 공격적인 광고로 움직

이는 것입니다. 그러나 흥미로운 사실은 맛을 강조하면서도 그 맛을 드러내기 위해서 결국 이미지를 이용한다는 것입니다. 이 것은 그만큼 이미지가 차지하는 비중이 크다는 것을 보여 줍니다. 그래서 사람들은 이미지를 잘 드러낼 수 있는 디자인에 많은 관심을 두는 것입니다.

디자인은 오늘날 많은 사람들의 관심입니다. 사람들이 어떤 정보를 기억하는 데 있어서 이미지를 많이 이용하므로 그 이미지를 디자인으로 표현할 필요성이 많아지기 때문입니다. 기업이 어떻게 하면 자기 회사의 이미지를 보편적으로 확대시키고, 사람들의 뇌리에 강하게 각인시킬 것인가부터 시작해서 거의 모든 사회 기관들이 이미지와 디자인에 관심을 많이 두고 있습니다. 이런 보편적인 흐름 가운데서 교회는 어떻습니까? 사실 솔직한 이야기이지만, 교회는 별로 많은 관심을 두지 않았던 것 같습니다.

지난 10년 전만 해도 교회에 디자인의 개념을 도입하는 것이 쉬운 일이 아니었습니다. 그것은 교회 지도자들과 어른들의 관심이 없었기 때문이라고 생각됩니다. 또한 일반 계시에 대한 인식에 있어서도 제한된 이해를 하고 있었기 때문이 아닌가 합니다. 아울러 이미지와 디자인을 강조한 중세 가톨릭 교회에 대한 반감이 작용하지 않았나 생각합니다. 10년 전 교회 사역에 디자인 개념을 많이 사용했던 저의 경험을 반추해 보면 지금은 그래도 많이 좋아졌다는 생각을 하게 됩니다. 새롭게 짓는 교회마다, 예전 같으면 단순히 교회 밖의 모양에만 관심을 가졌지만 이제 교회 내부의 환경과 기능을 생각하면서 사람들에게 좀더 친근감 있게 디자인하려고 애를 쓰는 것은 누구나 인지하는 바일 것입니다.

교회에서 이미지를 중시하고 디자인을 중시하는 것은 자연스러운 것이어야 합니다. 성경 가운데 하나님께서 특별한 물건, 예를 들면 에봇, 성막, 법궤 등을 만드시는 장면이 특히 구약에서 많이 나오는데, 하나님은 아무런 기준이나 방향성 없이 그냥 마음대로 만들도록 하시기 보다는 치수와 모양까지도 지시하시면서 디자인하도록 하셨습니다. 기독교는 이미지를 많이 사용하는 종교라고 할 수 있습니다. 하나님은 그의 백성을 인도하시면서 구원을 베풀고 하나님의 나라에 들어가도록 하기까지 많은 이미지를 사용하십니다. 구름기둥과 불기둥, 모세에게 들려준 지팡이, 요단강의 돌을 취해 만든 기념비, 예배를 드리도록 하는 성막과 그 성막에서 사용되는 성구들, 법궤, 십자가, 성찬식, 세례를 베푸는 것 등. 심지어 모든 크리스천이 미래에 들어가서 살아야 할 곳인 천국에 대해서도 많은 이미지를 이용해 소개하고 있습니다.

우리가 이미지와 디자인을 적극적으로 사용하는 것은 하나님의 뜻과 복음을 드러내는 데 중요한 요소라고 봅니다. 사람은 여러 부분으로 형성되어 있는 복합적인 존재입니다. 글과 그림, 형상 등을 통해 자신을 표현하면서 문화를 이루어 가는 특별한 존재입니다. 이것은 곧 하나님이 만드신 사람에게는 모든 것을 이미지를 통해 이해하고 느끼는 측면이 있다는 것을 말해 줍니다. 아울러 사람은 글과 그림, 형태의 차이에 따라 다르게 반응합니다. 이미지가 사람들의 반응에 상당히 영향을 끼칩니다. 그러므로 사람들에게 반응하도록 영향을 끼치는 데는 이미지가 활용될 수 있습니다.

이 시대를 정보의 시대라고 합니다. 이 시대를 사는 사람들은 정보의 홍수 속에 살고 있습니다. 나타나는 특징은 많은 정보를 접하다 보니, 정작 주의를 기울여야 할 정보에는 주의하지 않는다는 것입니다.

교회는 하나님과 그의 사역, 복음에 대한 정보를 이 세상에 드러내는 기관입니다. 교회와 그 일원인 내가 하나님의 일하시는 역사와 인간을 구원하신 복음과 연관해서 전하는 정보가 의미가 있도록 하기 위해 우리는 다양한 접근을 시도해야 할 것입니다. 이미지와 디자인이 그 일부분이 될 수 있으며, 의외의 효과를 얻을 수도 있습니다.

이런 시대적 요청 속에서, 오랫동안 기독교적인 입장에서 디자인 사역을 펼치기 위해 애를 써온 전은호 형제께서 디자인과 이미지에 관한 귀한 책을 출판하게 된 것을 감사합니다. 10년 전부터 이 사역을 위해 많은 시간을 할애하면서 생각과 비전을 나누었던 사람으로서 참으로 기쁘게 생각합니다. 여러분의 일독을 권합니다. 다른 세상을 경험하는 새로운 눈을 얻게 될 것입니다. 이 책이 한국 교회로 하여금 하나님께서 이루신 일과 구원의 복음을 좀더 효과적으로 드러낼 수 있도록 많은 유익을 줄 것을 확신합니다.

추천의 글

이은석

경희대 건축과 교수

예술사학 박사

오늘날 부분별하게 방치된 주변의 거친 환경 속에서, 교회가 추구하는 디자인마저도 전혀 그들과 차별화 되지 않았음을 우리는 목도한다. 그러나 이토록 혼란스러운 가운데서도 우리에게 아름다운 것에 관하여 논의할 공간이 아직 남아 있다는 것은 참 감사한 일이다. 그리고 세상이 혼돈스러울수록 진짜 가치있는 것들은 그 속에서 더 귀한 빛을 발하게 되는 것이다. 개인적으로 나는 내가 설계한 교회당 내 외부에서 저자가 디자인한 작품을 여럿 적용해 본 적이 있으며, 그의 작업 이면에 점철되어 있는 한 인간으로서 견디기 힘든 삶을 곁에서 지켜보아 왔다. 분명 교회 디자인에 대한 그의 고민은 이렇게 자신의 아픈 삶을 신앙으로 승화시키고 나서 맺은 열매들일 것이다. 그리고 그의 창의적인 작업은 고통스러운 현실도 평화롭고 아름다운 것으로 바꾸어 표현할 수 있도록 그에게 베풀어진 하나님의 은총인 것이다.

이 책을 통해서 평범하지 않은 자신의 삶과 열악한 한국 교

회의 디자인 환경을 딛고서, 우리에게 아주 절실한 교회 디자인
작업의 개선을 위해 외치며 달음질하고 있는 저자의 모습을 볼
수 있다.

머리말

우리는 정보화 사회 속에서 정보가 주는 다양한 자극을 무의식중에 인식하거나 경험하고 있다.

가까워진 정보화 사회에서 가장 제한요소가 적은 언어의 형태는 시각언어라고 할 수 있다. 인간은 타인과의 의사소통을 위하여 원시시대부터 현재에 이르기까지 신체언어, 그림, 기호, 부호 등의 상징언어들을 발명하고 사용해 왔다. 우리 모두는 이러한 거대한 기호 속에 포함되는 상징의 세계 안에서 삶의 흔적들을 나누면서 살고 있으며, 끊임없이 시각언어를 활용하며 상호 커뮤니케이션하고 있다.

이제 개신교 100년의 역사를 가지고 있는 한국 교회도 이러한 커뮤니케이션 디자인의 영역이 구체적으로 언급되어야 할 시점에 이르렀다. 기독교에서 십자가는 구원의 표시로서 보편적인 시각언어가 되어 오랫동안 기독교의 상징으로 쓰여 왔다. 하지만 오늘날 같이 다양한 시각정보의 바다에서 이제 교회도 효율적인 커뮤니케이션 매체를 개발하고 발전시켜가야 할 것이다. 필자는 그동안 한국 교회 안에 디자인 문화가 체계적으로 정립되어 있지 못한 것에 관해 많이 고민해 왔다.

세상이 만드는 디자인은 하루가 다르게 많은 발전을 거듭하는 데 비하여 교회 디자인은 오랫동안 낙후되어 있거나 정체된 상태에 머물러 있었다. 또한 교회 안에 여러 문화들이 소개되면서 크고 작은 열매를 맺는 중에서도 여전히 교회 디자인은 소홀히 취급되어 온 것이 오늘의 상황이다.

교회의 디자인 체계가 근본적으로 뿌리를 내리지 못하고 지속적으로 발전되지 못한 것은 교회 디자인에 대해서 사려 깊게 생각하지 않은 결과라고 여겨진다. 그동안 교회 디자인의 체계화를 위한 한 방법으로 교회 CI(Church Identity)를 한국 교회에 정착시켜보고 싶은 열망을 가지고 여러 교회에 교회 문화로서의 디자인을 시도해 왔다. 그 결과, 관심 있는 여러 교회의 도움으로 조금씩 귀한 열매들을 바라보게 되었지만 아직도 교회의 디자인은 발전되어야 할 많은 과제를 가지고 디자이너의 손길을 기다리고 있다.

그럼에도 불구하고 실력과 신앙이 겸비된 전문가를 찾기가 쉽지 않다. 앞으로 교회와 관련단체에서는 영감이 넘치는 디자이너들을 시급히 양육해야 한다. 이들은 하나님께서 출애굽기에서 지명하여 세우신 디자이너들과 같이 소중한 사람들이다. 이제 문화의 시대를 사는 오늘의 교회는 디자인을 통하여 복음을 보다 새롭게 소개해야 하며 하나님께서 온 세상을 아름답게 창조하신 것처럼 하나님 나라의 진정한 아름다움을 세상에 새롭게 알려가야 할 것이다.

새천년에는 모든 교회가 디자인을 통하여 복음의 메시지를 생활 속에서 마음껏 보여 줄 그 시간을 다 함께 꿈꾸게 되길 바라는 마음이다.

이 부족한 책이 나오기까지 많은 분들이 도움을 주셨다. 교회에 CI 디자인 개념을 도입하고자 고민하고 있을 때 기회와 용기를 북돋워주신 사랑의교회 옥한흠 목사님, 늘 교회 디자인의 비전을 제시해 주신 김만형 목사님, 아티스트가 가지는 애환과 고뇌를 함께 고민하며 교회 디자인의 비전을 함께 나누어 준 세계적인 건축가 이은석 교수님. 그 외에 깊은 관심을 보여 주신 많은 분들, 끊임없는 격려를 아끼지 않은 나의 사랑하는 아내 지영, 하나님께서 그분의 참사랑을 실천하라고 내게 허락해 주신 너무나도 귀한 생명 다훈이, 벌써부터 매킨토시 앞에서 열심히 디자이너의 꿈을 꾸는 둘째 진이, 먼저 이 땅을 떠난 사랑하는 부모님과 동생 은영. 이 모든 분들께 사랑의 마음을 담아서 감사의 말을 전하고 싶다.

무엇보다도 우리가 표현하고자 하는 모든 디자인의 근원이 되시며, 영원한 디자인의 스승이신 창조주 하나님께 모든 영광을 올려드린다.

2002년 10월
매킨토시 앞에서
전은호

차례

1장 디자인은 생활이다 · 19

2장 새롭게 교회 디자인을 변화시키자 · 57

3장 이젠 교회도 디자인이 필요하다 · 105

6장 교회 및 선교기관 디자인 개발 사례 · 213

부록 교회관련기관 디자인 개발 모음 · 251

1장
디자인은 생활이다

디자인이란 무엇인가?

디 자인은 우리가 일상 생활 속에서 가장 흔하게 사용하는 단어 가운데 하나가 되어가고 있다. 이제 우리는 신문, 잡지, TV, 인터넷 등에 이르기까지 모든 미디어 안에서 그 용어를 찾아볼 수 있게 되었다. 우리가 사용하는 일상용품들도 이런 디자인이라는 영역 안에서 만들어지고 사용되고 있으며 휴대폰, 자동차, 가전용품, 조명기구, 식기, 컴퓨터, 패션용품 등에 이르기까지 대부분의 소비재들은 디자인의 산물이라고 할 수 있다.

디자인은 원래 라틴어인 "데시그나레"(designare)로부터 유래되었는데, 이것은 "경계를 긋거나, 구획을 나누어 표시한다"는 뜻을 지니고 있다. 현대적인 용어로 디자인은 여러 의미를 함축하고 있는데, 설계하다, 입안하다, 도안을 그리다 등 여러 가지 의미가 있다. 이처럼 디자인을 한 마디로 정의하기란 쉽지 않지만 일반적인 용어로 "심적 계획"이란 뜻과 전문인 용어로 "지적 조형 활동"으로 구분될 수 있다.

Victor Papanek은 『Design For the Real World』라는 책에서

"사람들은 모두 디자이너들이다. 인류의 역사를 통해 우리가 해온 일들은 모두 디자인에 기반을 둔 것이다. 디자인 과정은 우리가 예견할 수 있고 원하는 것을 얻기 위해 어떤 행동을 기획하고 양식화하는 것이다. 디자인이 인생에 내재하는 원초적인 기반이라는 사실은 부정할 수 없다. 명화를 그리고 명곡을 작곡하는 것이 디자인이다. 아이들을 교육하는 것이 디자인이며, 디자인은 곧 의미 있는 질서를 만들어 내기 위한 의식적이고 지속적인 노력이다"라고 정의하고 있다.

신앙적인 관점에서 보더라도 우리는 천지만물을 창조하신 하나님의 디자인 계획 속에서 태어났으며 디자인 안에서 호흡하고 디자인에 둘러싸여 생활한다고 해도 과언이 아니다. 하나님께서 만드신 디지인 작품 기운데 불필요힌 것은 하나도 없다. 주님은 지극히 창의적이신데, 온 세상은 기능적이며 유용한 것들로 만들어져 있다. 가끔 인간의 움직임을 보면서 '어쩌면 이렇게 정교할 수 있을까' 하는 생각을 하게 되는데 이는 필자 혼자만의 생각은 아닐 것이다.

디자인의 정의를 지금의 교회 안에 적용해서 살펴보더라도 우리는 디자인과 무관할 수 없다. 교회의 건축 디자인이나 목사님이 입고 계시는 예배용 성의, 성경책, 일주일에 한 번 보게 되는 교회 주보, 헌금 봉투, 교회 소식지 등도 디자인으로부터 벗어날 수 없다. 디자인은 합리적이며 과학적인 개념과 현실적인 감각이 포함되어야 하는 합목적적인 조형 행위인 것이다. 가령 크리스천이면 누구나 생활 속에서 가까이하는 성경책에도 디자인이라는 행위가 포함되고 있다. 읽기 편하게 디자인되어진 성경이 있으며 읽기가 불편한 성경도 있을 수 있다. 단지 습관이 되어서 불편함을 느끼지 못하는 것이다.

현금 봉투도 기록하는 난을 잘 디자인하여서 기능성을 높여 줄 때 좋은 디자인이 될 수 있는 것이다. 주보도 읽기 편하게 세심한 배려가 된 것을 좋은 디자인이라고 말할 수 있으며 전도지 또한 읽어 보는 사람의 입장에서 만든다면 그것이 곧 인간적인 디자인의 출발이 되는 것이다.

하나님께서 우리 인간들에게 허락하신 자연은 정말 완벽한 배려하심의 결정체라고 볼 수 있다. 단지 인간이 본래 창조하신 하나님의 의도에 위배되게 파괴하며 마음대로 변형시키고 있는 것이다. 더욱 편리한 세상을 만든다는 지극히 이기적인 무지에서 말이다. 끊임없이 새롭게 발전시키고 하나님의 창조적 솜씨를 배워 가려는 인간의 정신적 활동을 총체적인 문화라고 한다면 "예술은 문화이며 문화는 곧 디자인도 포함한다"라고 말할 수 있다.

사람이 자기 발에 맞지 않는 작은 신발을 신다보면 처음에는 무척 불편을 느끼지만 나중에 습관이 되어 버리면 발이 아픈 것도 못 느끼게 되는데, 그것은 발이 잘 적응되어서라기보다는 발에 굳은살이 생기면서 억지로 그것을 받아들이게 된 것이라고 볼 수 있다. 이처럼 우리 한국 교회 안에서는 불편함이 오히려 습관처럼 되어버린 환경이 적지 않다. 교회 예배실 안의 의자만 보더라도 성경, 찬송 한 권 충분히 놓을 공간이 부족하게 디자인되어 있다. 또 헌금함은 봉투를 넣기에 편한지도 의문이다. 사람들이 많이 모이는 곳은 좁은 통로로 인하여 불편함을 느끼게 되며, 화장실은 저 멀리 떨어져 있어서 한 번 가려면 한참을 걸어야 한다. 화장실에 성경 찬송을 들고 들어가는 사람을 위해 변기 옆에 공간을 마련하면 성경 찬송을 잠시 얹어 둘 수도 있을 텐데 그런 배려는 찾아보기 힘들다.

디자인은 사소한 것을 돌아보고 배려하는 데서부터 시작된다. 작은 것을 소홀히 하다보면 그것이 습관이 되고 그런 습관이 점차 쌓여지면 불편함을 너무도 당연한 것으로 받아들이는 행동양식으로 바뀌게 되는 것이다. 매스컴에서 초, 중, 고 학생들이 불편한 책걸상으로 인하여 척추가 휘어지고 있다는 뉴스를 보도한 적이 있다. 사실 이것은 오늘날 우리가 처한 디자인 부재에서 경험하게 되는 불편함의 한 단면에 지나지 않을 것이다.

좋지 않은 디자인! 다시 말하자면 인간을 먼저 생각하지 않는 디자인은 결코 기능적일 수 없으며, 인간에게 풍요로움보다는 불편을 먼저 전달한다. 앞으로 디자인이 생활화 되지 않는 나라는 분명히 문화 후진국의 대열에 끼고 말 것이다. 어느 곳을 가도 디자인의 행위가 스며들어 있는 나라기 대부분 잘 사는 나라들이며 문화 선진국이다. 미국의 크리스천 북스토어를 가보면 우리 나라의 웬만한 호텔 수준이라는 느낌을 가지게 된다.

문화 선진국은 결국 디자인 선진국과도 등식이 성립된다. 우리 나라의 경우 지금도 어린이 놀이터에 가서 놀이 기구들을 보면 주 사용자인 어린이들의 입장을 전혀 배려하지 않은 위험천만한 놀이 기구들이 허다하다는 것을 알 수 있다. 미끄럼틀로 올라가는 계단 아래에 어떤 안전장치도 없다. 다만 모래만 한가득 부어 놓은 것이 전부이다. 인체공학적인 디자인이 적용되지 못한 안타까운 현실의 모습이다.

오늘날 교회 안에서도 디자인 부재의 흔적은 많이 드러나 있다. 주일학교 어린이 예배실 의자를 바꾸기 위한 고민, 교회 주보 디자인 개선을 위한 새로운 시도, 장애인을 돕기 위한 전용 엘리베이터와 장애인 전용 책걸상 배려 등등, 이런 모든 것들이 디자인 마인드가 정착될 때 실현 가능한 일들이다.

교회 안의 디자인 적용 과정에서 신중하지 않게 진행되는 사례들을 자주 경험하였다. 지방에 있는 어떤 한 교회는 전형적인 옛날 교회 구조로 되어 있어서 공간 소모가 많고 실내가 비효율적으로 실내가 만들어진 관계로 새롭게 리노베이션해야 하는 상황이었다. 그런데 가장 최근에 많은 예산을 들여서 지어진 그 교회 교육관의 실내디자인을 보면서 이용하는 학생들의 입장이 고려되지 않은 요소들을 여러 곳 발견하였다. 깨지기 쉬운 유리로 되어 있는 출입문, 그리고 만일 화재가 발생한다면 빠져 나오기에 턱없이 좁은 교육관과 예배실의 현관, 좁은 계단 등 그 교회 목사님도 그런 마인드로 공사한 사람들의 디자인 개념에 대해서 유감스럽게 생각하시는 것을 보았다.

합리적이고 창의적이지 못한 디자인은 결국 인간에게 피해가 되어서 고스란히 돌아가는 것이다. 그래서 디자인을 만들어가는 디자이너에게는 그 시대를 바로 읽는 혜안과 그 시대의 한계를 뛰어넘는 개척자적인 자세가 요구되는 것이다. 잘못된 디자인은 이로움보다도 해를 더 많이 끼친다.

"시각 디자인" 이란 무엇인가

필자는 목사님, 장로님, 평신도, 디자이너 모두가 이 책을 통해 디자인의 개념을 생활 속에서 편안하게 받아들일 수 있게 되기를 바란다.

우리가 흔히 자주 듣게 되는 '시각 디자인' 이란 말은 주로 평면적인 시각정보를 표현하는 디자인 영역이라고 할 수 있다. 문자 그대로 Visual communication design으로서 사람이 시각을 통해서 받아들이는 정보는 글이나 소리에 의한 것보다 훨씬 방대하다고 볼 수 있다.

자주 언급하는 이야기이지만 하나님께서 보여 주고 계신 천지 창조의 사역은 공중 나는 새와 꽃 한 송이, 풀 잎 한 포기, 바다의 물고기 등 이루 헤아릴 수 없는 수많은 피조물들이 시각적이고도 입체적인 비주얼(Visual)로 다가오게 하신 놀라운 일이다.

시각 디자인은 각종 인쇄물, TV매체, 영화, 인터넷 등 시각 전달 매체를 통하여 전달되는 메시지의 시각적 요소를 보다 아름답고 기능적으로 만들고 새롭게 그 가치를 창출하는 디자인 활동이라고 볼 수 있다.

사랑의교회를 소개하는 영문판 브로슈어

　　인쇄된 광고물이나 책, 잡지, 주보, 교회 신문, 안내지 등의
시각 매체가 가지는 조형적 특성은 시각 디자인의 수준에 의해
서 좌우된다. 우리가 가장 빈번하게 보는 교회의 주보도 시각
디자인의 한 영역 안에 포함되며 그러므로 주보에도 디자인이
라는 창조적 행위가 접목되어야 하는 것이다.

　　교회는 1년에 한 번씩 교회 달력을 나누어 준다.이런 달력도
시각 정보 디자인이 포함되어 만들어지는 제품이다. 그러므로
캘린더 디자인도 수준 있는 것이 있으며 수준 낮은 것도 있다.
지금까지 교회에서는 대체로 캘린더 제조회사에서 만들어 준
것 이외에는 별달리 새로운 것을 경험할 수 없는 구조 속에서
제품을 구입해 왔다. 말하자면 선택의 여지가 없었던 것이다.
얼마 전에 이 일에 종사하는 어떤 실무자가 "교회에 새로운 디
자인을 만들어서 제안해도 별로 반응이 없어서 그냥 이전부터
해오던 디자인 패턴을 유지하는 것이 더 현실적이다"라고 말하
는 것을 들었다. 단적인 예이지만 교회가 디자인 행위를 교회
안에 접목시키지 못한 경우이다. 골라 주는 대로 받아서 집에다
걸어 두기 때문에 이런 식이 되고 마는 것이다. 그래서 교회에

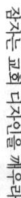

서 어떤 물품을 선택할 때 보면 대부분이 합리적으로 선택하기보다는 선택하는 사람이 경험한 디자인의 테두리 안에서 결정되는 것이 대부분이다.

출판계에서는 책을 출판하는 사람들이 직접 제작비를 부담하는 '자비출판'이 공공연히 이루어지고 있다. 기독교 출판사를 오래 운영해 온 한 목사님이 경험담을 말씀하시는데 자비출판을 의뢰해 오신 어떤 목사님은 책표지 디자인에서부터 본문 디자인까지 직접 구체적으로 관여하셨다고 한다.

긍정적인 의미에서 디자인에 대한 지대한 관심의 표현으로 이해할 수 있을 것 같지만, 다른 한편으로는 디자이너가 담당할 수 있는 영역은 자비출판 비용 안에 포함되므로 디자이너의 창의성을 잘 조절하는 것도 동일한 디자인 행위로 이해하는 의사소통이 필요하다고 생각한다.

교회 디자인과 관련된 문화 상품을 제작하는 사람들을 만나볼 때마다 이구동성으로 하는 말이 "교인들을 상대로 만드는 제품은 디자인 수준이 높으면 절대 팔리지 않고 오히려 적당히 촌스러워야 잘 팔린다"는 것이다.

이것은 교회 디자인의 수준을 대변하는 단적인 예라고 할 수 있다. 하지만 꾸준한 개선을 통하여 교회 디자인 문화에 대한 관심이 확산되고 있음은 환영할 일이다.

교회 디자인 체계화

일반적으로 어떤 제품이 히트상품이 되기 위해서는 고객의 선호도 조사와 마케팅 입안 과정에서 감성공학 측면의 디자인 개발항목이 필수화되고 있다. 적당히 촌스러워야 잘 팔린다는 말이 우리 나라의 전체적인 디자인 문화 수준과 부합되는 부분이 있기는 하지만, 앞으로는 좋은 디자인이어야만 세계 경쟁력을 갖게 된다는 게 자명한 사실이다. 음식점도 그런 경우가 많은데 강남 한복판에서도 손님이 늘 북적대는 음식점은 대체로 적당히 지저분한 경향이 있다. 너무 자로 잰 듯 깔끔하기만 한 음식점은 썰렁해 보이는 모양이다. 하지만 적당히 사람 사는 냄새가 나는 음식점은 사실 그 만큼 더 위생상태가 나쁠 수 있다는 사실을 기억해야 할 것이다. 실내 디자인도 좋고 음식 맛도 뛰어나다면 그것은 최고의 경쟁력을 갖춘 음식점이라 할 수 있다.

문화가 부각되기 시작하고 있는 지금보다 10~20년 전 교회에서는 문화라는 단어도 생소했을 뿐더러 성도들은 다들 생활하기에 바쁘고 벅찼다. 문화가 자칫 사치스러운 단어로 이해될 수도 있었던 그 시절과 지금은 너무나도 많은 것들이 달라졌고, 또 지금도 우리의 삶은 급격하게 변화되어 가고 있다. 또한 어떤 장소를 가더라도 디자인은 이제 더 이상 생소하지 않다.

디자인은 곧 생활이며 선택이다. 디자인을 누리고 선택하는 데 있어서 교회도 예외일 수는 없다. 수많은 사람들이 빈번하게 왕래하는 교회 공간은 기능적이고 효과적인 디자인을 직간접적으로 필요로 하고 있다.

원색적인 복음 증거는
원색적인 디자인으로

새 천년에도 여전히 교회가 예수 그리스도의 복음을 알리는 일은 중요하다. 무엇보다도 힘을 쏟아야 할 과제는 보다 많은 사람들에게 복음을 소개하고 그 복음이 변화된 생활을 통해 증거되는 것이라고 생각한다. 또한 그동안 교회에서 일방적으로 보내기만 했던 메시지가 어떻게 하면 새로운 접촉의 통로를 마련하고 그 통로를 통하여 힘있게 본래의 뜻대로 강렬하게 전달될 수 있을까도 하나의 과제라 생각한다.

얼마 전까지만 해도 세상 문화는 스며들기 작전으로 가수들의 음반 표지에 사탄적인 메시지를 담아 왔지만 요즘은 아예 본색을 드러내는 경우가 더 많은 것 같다. 노골적으로 사탄을 상징하는 손가락 마크나 노래의 가사 등 온몸으로 전달하는 몸 언어도 도발적이다.

필자도 개인적으로 구도자 예배에 많이 참여해 보면서 교회가 예배 순서에 대중성을 가미하여 복음을 보다 쉽게 전달하는 방식으로 접근하는 것을 경험하였다. 그런데 이런 시도로 복음 자체를 너무 조심스럽게 등장시키다 보면 이것이 예배라는 느낌이 잘 들지 않을 때도 있다. 말하자면 사람들이 다른 내용에 더 심취되어 본질의 전달이 약화되는 것을 느끼게 되는 것이다.

교회와 관련된 디자인을 하면서도 교회의 모습을 너무 직접적으로 부각시키지 않으려다 보면 타협안이 나올 때가 있다. 하지만 우리 크리스천 디자이너가 영원히 즐겨 사용해야 할 주제는 성경 말씀임이 틀림없다. 단지 그 말씀 안에서 이 시대적인 표현을 고민하면서 찾아내는 것이 과제인 것이다.

오늘날 교회의 십자가는 단순히 십자가 모양만을 의미하는 것은 아니다. 구원의 메시지를 새로운 시대의 시각언어로 드러내야 한다. 말하자면 아름답게 디자인하는 것에 몰입되어 자칫 해야 할 소리를 못하는 경우가 생기지 않도록 새로운 디자인의 방법을 가시고 복음을 드러내고 표현해야 한다는 말이다.

아직은 교회 디자인의 수준이 높은 단계가 아니기 때문에 심미적이고도 설득력 있게 표현하는 디자인의 조형적 가치를 무시할 순 없다. 하지만 정곡을 찔러 주면 오히려 쉽게 함몰되고 인정하는 것이 이 시대의 특징이기도 하다. 이 시대가 가지고 있는 아킬레스건을 사정없이 찔러 주어야 한다. 멋있고 화려하고 엄청난 규모로만 접근하기보다는 이 시대 문화의 약한 부분을 치유해 주어야 한다. 평화의 왕이신 예수 그리스도께서 사람들을 가르치시고 설득하시던 것처럼 우리도 원색적인 디자인 안에 말씀의 지혜를 부어 넣어야 한다. 그리고 99.9%의 순도를 담은 시대적 비주얼 메시지로 맥을 못추고 있는 세상의 문화 안에다 복음으로 폭발을 일으켜야 한다.

새천년의 디자이너는 한가할 수 없다. 엄청나게 분주해야 하며 자신의 영적 힘을 지속적으로 공급받기 위하여 기도의 사슬을 잘 연결해 놓아야 한다. 가능한 주위의 지체들이나 영적 스승들에게 중보의 기도를 부탁하라. 세상을 다스리고 능히 이기고도 남을 능력을 부여받기 위해서!

창조적인 사고의 장애 요인

개인적으로 많은 디자이너들과 관계를 맺으면서 크리스천으로서 디지인 영역에서 일하는 사람들과 종종 대화를 나눌 때가 많다.

얼마 전 한 디자인 비평가가 "우리 나라 디자이너들의 사고 방식 중에 문제되는 점이 있다면 '자신이 경험한 방식 아래에 머물러 있는 경우가 너무 많다' 는 점이다"라고 비평한 글을 본 적이 있다. 이러한 창의적인 사고의 결여를 크리스천 디자이너의 시각에서 깊이 고민해야 했던 경험은 허다하다.

창의적인 사고를 가로막는 요인은 여러 가지가 있는데, 일반적으로 기독교라는 종교를 가진 디자이너들을 보면 세상 디자이너에 비해 과감성 면에서 조금 차이가 있는 것 같다. 우선 교회 안에 디자인이라는 용어 자체가 생소한 탓도 있지만, 무엇보다도 다양한 관점에서 디자인 문화를 바라보기보다는 고정관념의 틀 안에서 소극적으로 바라보는 시각에 문제가 있다고 생각한다.

오랫동안 신앙생활을 통하여 느낀 점 중 하나는 크리스천들이 교회 안에서 여러 문화 분야를 이야기할 때면, 항상 원론적인 것에 열중하다가 무성한 이론만 난무해지는 현상을 자주 발견하게 된다는 것이다. 그리고 대부분의 사람이 서로 하나되기보다는 자신만이 가진 경험의 잣대로 모든 것을 결정하고 평가하는 분위기가 지배적이다. 많은 이들이 현실과 비전 사이에서 방황하고 갈등하는 모습을 자주 보면서, 이렇게 교회 안팎에서 방황하는 젊은이들이 가장 빈번하게 차용하는 단어가 선교라는 것을 발견하게 된다. 비전 여행, 단기 선교 등 총체적인 사고를 하는 사람이 되기 위해서는 지, 정, 의가 겸비된 창의적인 사고가 훈련되어야 한다.

언젠가 7,000명 이상 모이는 대형교회의 한 성도가 자신이 출석하는 교회의 자랑거리를 자신 있게 이야기하는 것을 들었다. 그 교회는 문화와 관련된 목회 후보자나 미래의 주역이 될 학생들을 많이 지원한다고 자랑스럽게 이야기하였다. 그러면서도 교회에 와서 무보수로 봉사할 컴퓨터그래픽 디자이너를 찾는다고 했다. 디자인의 가치가 바른 평가를 받지 못하고 있음을 다시 한 번 느끼면서 교회 내의 디자인 계몽에 좀더 박차를 가해야겠다고 생각을 정리한 적이 있다.

창조적인 사고에 있어 장애가 되는 요인 중에 감정적인 장애가 있는데, 이는 실수나 실패에 대한 두려움으로 아이디어를 만들어내기 보다는 한 걸음 물러서서 비판하는 것을 좋아하는 것을 의미한다. 교회 밖에서 교회를 들여다 본 사람들이 이구동성으로 말하는 내용 중 하나가 교회 사람들은 너무도 말이 번지르르하다는 것이다. 또한 어떤 사안을 결정할 때 의견들을 수렴하는 과정에서 너무나 장황한 말들이 난무한다는 것을 공통적으로 지적하고 있다. 이것은 자신의 아이디어만을 가치 있게 여기

는 독선적 성향과 무관하지 않은데, 우리가 그동안 독재적인 형태가 지배적이었던 정치 풍토에서 살아와서 그런지는 몰라도 교회 안에서도 다들 타인의 의견을 무시하고 자신의 의견만 앞세우는 사례가 비일비재하다.

또 다른 창조적인 사고의 걸림돌 중에 남의 의견을 쉽게 수용하지 못하는 습관을 말하고 싶다. 이것은 다른 사람의 의견을 받아들임으로써 오는 실수나 실패를 두려워하기 때문일 수도 있고, 다양한 관점에서 문제를 바라보지 못하고 있기 때문일 수도 있다. 교회에서 흔히 하는 말 중에서 '지체'라는 표현이 있다. 창조적인 사고에는 지체의식이 필요한데, 지체는 모두 자기 역할이 있어서 결국은 모두가 중요한 존재들이 되기 때문이다.

오랜 역사를 가진 어느 기독교 출판사가 아직도 십여 년 전의 디자인 스타일을 고집하고 있다면 그런 고집은 비본질적인 요인이다. 그런 고집들이 창조적인 사고를 하고자 하는 독자에게 오히려 경험의 폭을 제한하는 요인이 되는 것이다.

다양한 경험에서 나온 의견이 수렴되어 탄생되는 모든 결과들은 보석처럼 빛나게 될 것이다. 물론 아이디어를 만들어내기보다는 비판을 즐기기만 한다면 창의적 사고에 장애 요인이 될 것이다.

뛰어난 디자이너는
뛰어난 클라이언트가 만든다

$\boxed{\text{필}}$ 자는 그동안 대기업체와 관련된 디자인을 많이 하고 있는 어떤 디자인 회사에서 몇 차례에 걸쳐 사무실을 이전할 때마다 초대장을 받게 되었다. 남들이 보기에는 어디에 내놓아도 손색이 없을 정도로 현대적인 사무실 분위기인데 기회만 되면 새로운 곳으로 옮기는 것이다. 아마도 클라이언트들이 더 나은 회사 환경을 암암리에 요구하거나, 일이 너무 잘 되어서 사세 확장을 하는 것이 그 이유일 것이다. 결국 이 회사는 공기 좋은 서울 외곽에 사옥을 가지게 되었다. 이런 환경의 변화를 보면서 물론 디자인 파워 때문이기도 하겠지만 많은 고객들이 이 회사를 크게 키워 왔기 때문에 발전한 것이 아닌가 하는 생각이 들었다.

사람을 키우는 것은 결국 사람이라는 말이 있듯이 앞으로 크리스천 디자이너들이 교회 디자인의 새로운 변화를 위해서 애를 쓸 때 그들이 좀더 준비된 여건 가운데서 정열적으로 일할 수 있는 환경이 조성되기를 바란다. 필자에게 관심을 가지고 계신 많은 분들이 이구동성으로 하는 말 중에 공통적인 것이 "교회를 대상으로 일하기는 정말 힘듭니다. 그러니 마음 단단히 먹지 않으면 상처받기 쉽습니다"라는 말이었다. 처음에는 은혜가 넘치는 교회 안에서 그게 무슨 말일까라고 생각했는데 지나고 보니 어렴풋이 이해할 수 있게 되었다. 교회가 디자인에 들이는 예산의 부족함과 디자인에 대한 인식의 부족, 까다로운 요구, 은혜로 일을 풀려고 하는 분위기 등에서 말할 수 없는 고충을 느끼기에 그런 충고들을 주신 것이다.

얼마 전에 천문학적인 비용을 들여 교회 건축을 하고 있는 교회로부터 그 교회의 특정 부서를 소개하는 브로슈어 디자인 작업을 의뢰받은 적이 있었다. 디자인 시안을 준비하는 데 상당한 시간을 투자해서 담당자에게 보내 드렸는데, 얼마 후에 교회 사정으로 작업을 취소하게 되었다는 일방적인 통보와 위로금을 받았다. 말이 위로금이지 그 내용은 비싼 디자인 책 한 권 값에도 못 미치는 금액이었다. 교회 일이 쉽지 않을 거라는 선배들의 말을 떠올리게 되는 순간이었다. 교회 건축에는 수십 억에서 수백 억이 아깝지 않으면서 교회 디자인을 위해서 기꺼이 한 몸 바쳐 보려는 디자이너들에게는 너무 박한 것이 아닌가 하는 생각이 들었다. 이런 일들을 더 많이 경험하면 할수록 헌신과 전문성이라는 두 목표 사이에서 갈등의 골이 깊어 가는 것이다.

교회 디자인을 통해서 마음껏 일하고 싶은 젊은이들에게 기회의 장을 열어 주는 한국 교회의 배려를 기대한다. 항상 예산이 없다는 진부한 변명만 둘러댈 것이 아니라 왜 예산 자체가 없는 풍토인가를 고민하는 교회 디자인 문화가 아쉽다.

하나님을 찬양하는 디자인

필자는 디자인으로 하나님을 찬양하고 표현하는 놀라운 일이 실현되는 날을 꿈꾸고 있다. 존경하는 목사님의 글 중에서 "꿈을 가진 사람들은 그 꿈을 표현할 수밖에 없다"는 내용이 있다. 그렇다. 하나님의 디자인을 꿈꾸는 사람들이 도처에서 생겨나고, 하나님의 사역을 디자인으로 표현하는 데 열정이 있는 사람들이 자꾸만 생겨나기를 바란다. 또한 그들이 신나게 일할 수 있도록 환경의 장을 허락해 주시기를 기도한다. 이를 위해서는 먼저 교회가 디자이너들에게 꿈을 심어서 깊은 뿌리를 내리도록 도전해 주어야 할 것이다. 크리스천들 안에 잠재되어 있는 꿈을 일깨워서 생명력이 넘치는 디자인으로 열매맺는 비전을 심어 주어야 한다. 우리의 좌절된 꿈들을 새롭게 확인시켜서 건강하게 일어날 수 있도록 해주어야 한다.

우리가 디자인을 제한하는 것은 디자인을 통해 보여 줄 수 있는 하나님 나라의 아름다운 그림을 마음속에 담고 있지 않기 때문이다. 우리는 지금부터라도 이런 그림을 그릴 수 있어야 한다. 사막 한가운데서 갈증으로 목이 타들어가도 오아시스를 기대하며 그곳에서 갈증을 풀 순간을 기대하기에 끝까지 꿈을 버리지 않듯이, 하나님 나라의 디자인을 통하여, 영적으로 목마른 갈증이 더해가고 있는 세상에 오아시스의 생명수 같은 시원한 메시지가 비주얼과 생명력 있는 디자인으로 선포되어야 한다. 이 일이야말로 하나님 나라를 꿈꾸는 영감 있는 디자이너의 창의성을 통하여 이루어질 수 있는 일이다. 또한 새롭게 열려진 천 년을 향해서 생명 있는 하나님의 언어들을 마음껏 드러내야 하며 이 귀한 말씀 안에 많은 사람들이 파묻혀서 영원한 생명의 힘과 능력을 공급받아야 할 것이다.

예수 그리스도의 복음이
광고되는 그날을 꿈꾸자

서울 도심 한가운데 빌딩 옥상을 보면 대형 빌보드에 수많은 광고들이 게재되고 있다. 세상의 모든 기업들이 자신들을 좀더 효과적이고 인상적으로 알리기 위해서 최선을 다하고 있는 모습을 본다. 언제나 마음에 품고 있는 작은 소망은 이런 광고판에 이 세상에서 가장 귀한 선물인 예수님의 복음을 올려서 세상에 알리는 것이다.

진리 아닌 것도 이처럼 홍수같이 쏟아져 나오는데 진리는 더욱 알려져야 되지 않겠는가? 이 일이 불가능해 보일수록 하나님께서 가능하게 해 주시리라는 확신은 깊어간다. 필자가 시작한 교회 디자인의 도입도 처음에는 허공을 향한 외침처럼 느껴졌지만 하나님께서 서서히 환경을 인도해 주시는 가운데 많은 교회에서 성공하게 되었다.

복음을 광고하는 데는 몇 가지의 유익이 기대되는데 그 중에 하나는 세상에 나아가서 그리스도의 제자로 살아가는 많은 주의 백성들에게 위로의 메시지를 전달할 수 있다는 점이며, 그들이 다시 새 힘을 공급받아서 세상에 선한 영향력을 발휘하도록 돕는다는 점이다. 일주일에 한두 번 공급받는 영의 양식은 오늘날같이 다변화되고 다양한 영적 공격을 받고 있는 현실에서는 너무 부족하다는 생각이다. 때문에 복음이 세상 구석구석에서 새 힘을 발휘하도록 해야 할 것이다.

언젠가 캐나다를 가는 비행기에서 점심 식사로 나누어 주는 도시락 안에 담겨 있는 항공회사의 광고 쪽지를 보았다. 그런데 그 쪽지에는 하나님의 이름을 찬양하고 모든 영광과 감사를 그분께 돌린다는 내용의 시편 말씀이 기록되어 있었다. 구름 위에서 느꼈던 그 감격은 전혀 새로운 감동이었으며, 그 항공회사의 크리스천 컨셉에 많은 위로를 받고 감사했다.

세상 사람들 중에는 그리스도에 대하여 좀더 바른 시각에서 알고자 하는 사람들이 의외로 많을 수 있는데, 복음을 광고함으로써 기대되는 새로운 유익은 이를 통하여 그들에게 쉽게 다가갈 수 있다는 점이다. 예수를 믿는 사람들의 생각을 좀더 다른 각도에서 경험하길 원하고 있는 그들에게 크리스천의 새로운 일면을 보여 줄 좋은 기회가 된다는 것이다. 이러한 패러다임의 전환이 이루어진다면 사실 그 광고에 들어갈 내용은 무궁무진하게 준비될 수 있다. 우선은 우리가 생각하고 있는 일상적인 개념을 새롭게 정리하고 이를 통해 선교의 가능성을 열어 놓아야 할 것이다.

미국의 대형 빌보드 광고 중에 '당신의 자녀를 위하여 하루에 몇십 번이라도 사랑의 입맞춤을 나누어 주라' 는 내용을 담은 것이 있다. 이는 자연스럽게 부모와 자녀간에 건강한 관계를 맺도록 교훈을 주는 광고로서 이를 본 많은 사람들이 공감하며 따뜻한 웃음을 짓곤 한다. 이런 식으로 사랑이 스며들어 있는 크리스천 광고가 도심 한가운데서 빛을 발하게 될 그날을 기대한다.

묵시적인 디자인

친구들 가운데 목사님들이 몇 분 있는데, 그 중 한 분은 지금 남아프리카에서 선교사로 헌신하고 있다. 젊은 나이에 고생을 많이 한 탓인지 만날 때마다 몰라보게 할아버지로 변해가는 얼굴을 보면서 선교사의 길이 험준함을 느끼곤 한다. 언젠가 이 목사님을 통해서 "선지자적 비관주의"라는 어려운 신학 용어를 듣게 되었다. 어릴 때부터 교회에 다니며 주님의 나라가 점점 임박해 오고 있다는 메시지를 들으면서 자라났고, 언제나 주의 나라가 속히 이 땅에 임하기를 간구하며 지내왔다. 하지만 IMF 이전만 보더라도 교회에서 이러한 묵시적인 내용을 담아서 교회 홍보물을 만드는 경우를 별로 보지 못했다.

분주하고 풍요롭게 살아가는 그 겉모습만 보아서는 이 땅의 크리스천들이 주의 고난에 동참한다는 느낌을 갖기에 한계가 있는 것 같다. 일 년에 한두 번씩 연례행사로 기아에 허덕이는 아이들의 사진이나 선교지에서 보내온 굶주려 있는 측은한 사람들의 사진을 보면서 가난과 궁핍을 간접 경험하는 것이 대부분이다.

이렇게 외치고 싶다. "교회가 진정 어려운 사람들을 돌아보기를 즐겨한다면 이런 상황을 좀더 많은 사람들이 경험할 수 있도록 디자인을 통하여 구체적으로 표현해야 한다"라고 말이다. 이를 위해서는 상황을 직시하고 바르게 알리는 광고 메시지의 기능을 잘 활용해야 할 것이다.

교회에서 디자인의 기능이 교회를 더욱 세속화시키거나 화려함을 부추기는 도구로 전락해서는 곤란하다. 교회 디자인이 교회의 본질적인 모습을 보다 바르게 알리는 선한 도구이기를 소망한다. 사실 세상에서는 가끔 디자인이 본질을 왜곡하며 사용되기도 하는 것이 사실이다. 예를 들어 우리 나라에서 공업폐수를 방류하여 세상을 떠들썩하게 했던 두산그룹은 이미지 갱신을 위해서 미국 유수의 디자인 회사에다 엄청난 비용을 지불하면서 회사의 심벌을 변경하였다.

교회에서 일주일에 한두 번 듣는 설교가 얼마만큼 사람의 뇌리 속에 자리잡고 있을지 개인적인 경험과 판단으로는 부정적이다. 주일 예배를 교회에 출석하는 것으로 만족해 한다면 설교는 삶 속에 깊은 영향력을 끼치는 메시지로서 한계성이 있다고 느낀다. 어떤 형태로든 다시 리마인드하는 작업이 필요한 것이다.

예전에 개척교회에 출석하던 당시의 경험은 아직도 숙제로 남아 있다. 그때 말씀을 전해 주시던 목사님은 지금 강해설교의 대가로 한 지방교회를 담임하고 계시는데, 그 당시 주일마다 영혼을 깨우치고 회중의 죄성을 발견케 하는, 마치 영혼의 상처에 소금을 뿌리는 듯한 그 말씀을 듣고는 한동안 입을 다물 수 없었다. 그런 설교가 끝나고 나면 그 충격에서 벗어나기도 전에 개척교회에서 경험할 수 있는 즐거운 점심식사시간이 모두를 기다리고 있었다. 조금 전만 해도 가슴을 치는 묵시적인 말씀 앞에서 한숨을 내쉬던 성도들이 깔깔대면서 점심을 함께 나누는 모습을 볼 때면 무척 혼란스러웠다. 말씀의 감동이 생활 속으로 전이될 수는 없을까?

지금 필자는 디자인을 통한 묵시적인 메시지 전달의 가능성을 기대해 본다. 지금은 시각 커뮤니케이션의 시대이기 때문에 사람들에게 효과적인 시각 전달 수단을 제공해야 한다. 묵시적인 디자인을 통해 끊임없이 크리스천들이 주의 날을 대망하며 건강하게 살아갈 수 있도록 도와야 한다. 설교집, 설교 테이프 이외에도 가능한 매체를 계속해서 제공해야 하고, 교회 재정의 일부는 이런 일에 효율적으로 사용되어야 한다. 시대가 급격히 바뀐 만큼 뉴미디어를 이용해야 한다는 것이다.

인터넷을 통해 성도들에게 영적인 무력감에서 탈출할 수 있는 말씀을 계속 공급해 줄 수도 있다. 각 사람의 상황에 적합한 위로와 격려의 말씀을 이메일로 보낼 수도 있다. 이민 간 성도들에게 인터넷을 통하여 바울의 편지를 보낼 수도 있다.

세속의 기류를 좇는 디자인과 기독교 디자인은 근본적인 출발에서 차이가 있다. 물론 창의적이어야 하며 세련되어야 하며 사람의 마음을 움직이는 힘이 있어야 한다. 그러나 무엇보다도 주님께서 이 세상을 향하여 끊임없이 바라고 계시는 묵시적인 메시지가 포함되어야 한다. 이런 디자인의 영적인 소스를 목사님들께서 디자이너들에게 공급해 주고 알려 주어야 한다.

지금 세상은 외치고 있다. "내 손 안에 더 큰 세상!"이라고. 하지만 예수님의 손 안에 진정 더 크고 새로운 세상이 있다.

간접 경험을 통한 새로운 세계

우리 나라는 좁은 땅에 비해 인구밀도가 너무나도 높다. 서울만 보더라도 땅은 좁은네 비비고 사는 사람들은 엄청나게 많다. 이런 분주함이 일상화된 가운데 서울 도심 주변 어디에서도 푸른 나무숲을 경험하기란 그리 쉽지 않다. 이렇게 한국에 사는 사람들은 환경적인 측면에서 볼 때 여유 있는 공간을 경험하기가 어렵다.

자연을 보존하지 못하고 개발이라는 명목 아래 자꾸만 파괴하는 것은 결국은 우리 모두가 자연으로부터 버림받는 것을 자초하는 길이라 생각된다. 지금도 서울 하늘 아래에서 자연의 흔적을 느끼기가 너무 어렵다.

이런 상황에서 건물 빌딩 벽에라도 자연을 담은 큰 사진이 붙어 있으면 잠시라도 마음속에 여유를 찾을 수 있으리라 본다. 건물 벽면을 커다란 캔버스로 활용해서 도시 환경 디자인으로 채워 간다면 새로운 시각에서 문화의 수준을 끌어올리는 효과를 볼 수 있을 것이다. 아직도 자연이 아름다운 상태로 보존되어 있는 아름다운 나라의 경치를 모두가 누리고 감상할 수 있도

록 디자인이 가진 간접 경험의 기능을 발휘해야 한다. 항상 척박하고 건조한 도심 안에는 복잡한 일상들을 빠져나갈 문화적 공간이 절대적으로 필요한데 디자인은 그 해답이 될 수 있다. 바쁘게 산다는 것이 좋은 면을 많이 가지고 있다해도 이제는 그 부작용을 걱정해야 하는 때에 이르렀다고 생각한다. 도심 한가운데서 청량제의 역할을 하는 디자인이 그립다.

분명 지구촌은 지금 불균형을 이루고 있다. 단지 경제적, 정치적인 것 뿐만 아니라 타고난 자연 경관을 누리고 사는 나라와 그렇지 못한 나라의 차이가 너무 심하다는 것이다. 우리는 이러한 불균형을 그 나라의 아름다운 자연 풍경을 간접적으로 경험할 수 있도록 함으로써 바로잡아야 할 것이다. 그 자연의 쉼을 도심 한가운데 가져다 놓는 일을 소홀히 하지 말아야 겠다.

우리의 메말라 가는 마음들을 살아 있는 자연 이미지를 통해 계속해서 되살려 가야 하며, 우리의 정서를 새롭게 하기 위해 생명 있는 디자인이 만들어져야 한다. 이 일에 교회가 동참하여 세상을 향해 영원한 생명이 드러날 수 있도록 하기를 기대한다.

새천년 교회홍보는 인터넷으로

현 재 우리 나라 인터넷 보급률은 세계 최고의 수준을 자랑할 만큼 발전하고 있다. 앞으로는 인터넷 사용자 수가 기하급수적으로 늘어날 것이다. 회사에서는 1년을 주기로 보고서(Annual Report)를 통하여 회사의 손익을 분석하고 정리하는 것이 일반화되어 있는데 인터넷에서는 1년이라는 주기가 3개월 이하로 단축되고 있다. 그만큼 정보의 흐름이 신속하게 변하고 있으며 그 변화의 주기는 더욱 짧아질 것이다.

통계조사에 의하면 우리 나라에는 대략 5만여 개의 교회가 있다고 한다. 그런데 현재 교회 홈페이지를 개설하여 인터넷을 통한 교회 홍보를 시도하는 교회는 대략 이천 개 정도인 것으로 알고 있다. 전체 교회의 규모로 볼 때 아직은 많이 부족한 것이 교회 인터넷 홍보의 현주소라고 할 수 있는데, 지금은 교회가 인터넷을 통하여 더욱 꾸준하게 발전할 수 있는 많은 가능성을 검토해 보아야 할 때라고 생각된다.

교회 인터넷 환경이 더욱 발전하면서 도래할 여러 가지 변화가 있는데 그 중 하나는 웹(web)상에서 교회나 교단의 구분이

허물어질 수도 있다는 것이다. 예전에는 자신이 출석하는 교회 외에 다른 교회의 정보를 수집하는 데 많은 한계가 있었다. 기껏해야 목사님 설교집이나 설교 테이프 등이 대부분이었으며, 그것도 찾으러 다니는 열심이 있어야만 구할 수 있었다. 그런데 지금은 주일 예배 후에도 인터넷을 통하여 자신이 방문하고 싶은 교회 사이트를 두드리기만 하면 곧바로 다른 교회의 설교나 교회의 구성, 각 부서별 모임 등 다양한 정보를 경험할 수 있다. 이것은 인터넷으로 인한 교회 환경의 변화를 예고하는 것이다. 좀더 정확하게 말하자면 설교를 듣는 시간이 주일 예배에만 국한되지 않고 원하는 때면 아무 때라도 설교를 듣는 사이버 처치(Cyber Church) 개념이 생겨나고 있다는 말이다. 이렇게 인터넷이 선택하는 문화가 아니고 필요불가결한 문화로 자리잡아가고 있는 이때 교회 홍보를 위한 수단으로 인터넷은 더욱 환영받게 될 것이다.

요즈음 길거리를 다니다 보면 빌딩에 부착된 광고판에 회사의 홈페이지 주소가 함께 표시되어 있는 것을 보게 된다. 이 정도면 이미 인터넷은 회사를 알리는 마케팅의 도구로 중요한 위치를 차지하고 있다고 할 수 있다. 불과 4~5년 전만 해도 인터넷 주소가 적힌 명함이 일반적이지는 않았다. 지금은 명함에 e-mail 주소나 인터넷 사이트 주소가 없으면 구석기시대 사람 취급을 받게 된다.

정부에서 발표한 대로 2005년까지 초고속 인터넷 전용선이 전국에 깔리면 그야말로 인터넷의 새로운 시대가 열려 인터넷 교회가 도처에 보편화될 수 있을 것이다. 또한 실시간 인터넷 TV방송이 상용화되면서 이젠 TV방송조차도 인터넷을 통해 시청하며 한 개인이 만든 영상물도 인터넷상에서 볼 수 있는 시대가 되었다. 인터넷 전송 속도가 빠르면 빠를수록 인터넷상에서 멀티 미디어를 구현하는 일이 더욱 쉬워질 것이다.

이젠 교회 안에서 인터넷 홍보팀을 만드는 것이 필수적인 인터넷 선교 전략이라고 여겨진다. 인터넷을 통해서 교회를 바르게 알리고 예수 그리스도의 복음을 소개하는 사이버 기지의 구축이 곧 교회 홈페이지 작업이다. 이 사이버 기지에서는 각 방면의 탁월한 은사를 지닌 십자군병들이 모여들어서 강력한 사이버 선교의 탄알을 만들어 내어 각종 유해한 정보의 사이트와 영적 전투를 벌여야 한다.

하룻밤에도 수천만 명 이상의 영혼들이 전 세계에서 올려대는 음란, 향락 사이트에 접속해서 뜬눈으로 밤을 지새고 지금도 어딘가에는 벗어날 수 없는 징욕의 그물 속에서 고통의 눈물을 흘리며 구원을 기다리는 영혼이 있을 것이다. 처음에는 재미 삼아 그 홈페이지를 방문했다가 나중에는 중독이 되어서 아예 빠져 나오지 못하게 되는 것이 이런 사이트의 특징이다. 필자는 사탄이 인터넷을 흑암의 도구로 철저하게 이용하고 있다고 확신한다. 인터넷이 인류의 생활을 편리하고 풍요롭게 해 주는 등여러 이점을 가지고 있지만 그 이면에는 위험의 요소가 독버섯처럼 자리잡고 있다. 원래 사람들은 자신에게 좋은 면이 있으면 그것이 과학의 이름이든 문화의 이름이든 과대 포장해 해석하는 성향이 있다. 지금도 흑암의 세력이 난무하는 인터넷의 세계에 하루 빨리 성령의 검으로 무장한 교회 홈페이지가 진군하여서 어둠의 권세들을 차근차근 함몰시켜 나가야 할 것이다.

사이버 상에서의 영적 전투는 더 이상 미룰 일이 아니다. 교회 안에서 투사들을 속히 모으고 전 세계 인터넷의 바다를 향해 성령의 깃발을 높이 들고 영적 전함을 띄워 보내자. 그리하면

인터넷은 사탄의 점령 안에서 서서히 벗어나 새롭게 정화되어
나갈 것이다.

디자인,
X세대, N세대, R세대의 필수품

신 세대는 유행에 민감하며 무작정 따라 하는 데 익숙해져 있다. 또한 자신을 꾸미는 데 있어 병적으로 집착한다. 스타들의 장신구나 패션, 헤어스타일 등은 신세대들에게 아주 민감한 부분인데, TV 연예인들을 따라 치장하길 원하는 젊은 사람들 때문에 외제 화장품이나 고급 의류 브랜드의 소비자 중 상당 부분을 신세대가 차지하고 있는 것이 현실이다. 고급 외제 승용차를 타고 강남 한복판을 누비는 선택된(?) 자녀들도 쉽게 볼 수 있다. 저 산동네 사글세 집 수백 채 값에 해당되는 비싼 승용차이다.

이렇게 신세대를 사로잡는 소비 상품들을 자세히 보면 디자인 전략과 마케팅이 뛰어난 것들이 대부분이다. 대형 백화점 화장품 코너를 가보면 최고를 뽐내는 디자인 제품들이 한자리에 모여 있다. 화려하고 눈부신 칼라의 제품들과 사람의 시선을 잡아끄는 시각적인 메시지, 판매원들이 제각기 최고의 개성을 담아서 입고 있는 유니폼은 조명과 더불어 현란하기까지 하다. 디자인은 이렇듯 젊은 세대를 휘어잡고 있으며 기어코 소비 심리를 끌어내는 무서운 힘이 있다. 이렇게 힘 있는 디자인에 기가 죽으면 이제 그 상품의 노예가 될 수도 있는 것이다. 강남 일대에 즐비한 고급 외제 승용차 전시룸을 가보라. 그 디자인의 가치가 우리 나라 자동차와는 격이 다르다. 확실히 다른 차체 도장 칼라하며 우아한 유선형의 디자인에서 묻어 나오는 격조, 최고임을 자부하는 자동차 엠블럼 등 어느 것 하나 손색이 없어 보인다. 이것은 긍정적인 측면에서 볼 수 있는 디자인의 가치이며 디자인의 힘인 동시에, 부정적인 측면으로 볼 때 사치와 허영의 인간 속성을 부추기는 숨어 있는 디자인의 힘이 투영되는 것이기도 하다.

디자인은 이렇게 신세대뿐만 아니라 청년, 중년에 이르기까지 그들의 장식 본능을 자극하고 있는 것이다. 이것은 "본래 상업성을 띠는 것으로 어쩔 수 없는 발전의 흐름이다"라고 단정지어 버리기에는 너무나 많은 부정적인 영향을 미치고 있는데, 세속의 소비 문화가 가져다 주는 갈증을 더하고 있기 때문이다.

교회에서는 이런 디자인의 놀라운 힘을 건강하게 재해석하고 새롭게 끌어내 신세대의 관심을 유도하고 그들을 키워가야 할 것이다. 우리 나라와 같이 부존자원이 부족한 나라에서의 경쟁력은 창의성의 개발과 우리의 것을 글로벌 스탠다드로 끌어올리는 탁월한 아이디어에서 나오는 것이다.

세계적인 변화에 익숙하며, 감각적이고, 정보화 사회에 발빠른 적응력을 보여 주는 신세대들이야말로 앞으로 더 많은 다양성이 인정되는 사회 속에서 크리스천의 경직된 문화를 깨고 시각 디자인 문화의 건강한 영역을 펼쳐 나갈 주도적인 세대가 될 것이다.

정보화 시대의 디자인

새 천년의 시대를 규정짓는 단어 가운데 Digital, DNA, Design의 3D가 있다고 한다. 정보화 시대에 가장 보편화되는 흐름을 단적으로 보여 주는 단어들이 바로 이것이다.

산업화 시대에는 제품이 지니는 특성이 눈에 보이는 가시적인 것과 촉각적인 것으로 규정되었다. 그 이후 탈산업시대에는 가시적이고 비 촉각적인 제품으로 그 유형이 변화되었으며 오늘날과 같은 정보화 시대에는 비가시적이고 비촉각적인 제품이 주종을 이룬다고 한다. 이렇듯 제품이긴 한데 구체적으로 보이고 만져지기보다는 문화의 옷을 입고 나타나는 제품이 정보화 시대의 제품 유형이라고 말할 수 있다.

예를 들어 네트워크를 통해 사이버 상에서 주고받는 디지털 문화가 그것이다. 눈에 보여지고 만져지는 것은 아니지만 지불해야만 사용할 수 있는 소프트웨어나 네트워크 상의 유료 정보들이 그런 예라고 할 수 있다. 이런 정보화 시대의 특징적인 요소를 잘 활용하여 이 시대에 적합한 복음을 디자인하여 전 세계

네트워크 상에 올려 놓으면 이것 또한 가장 가치 있는 문화 매체의 역할일 것이다. 지금 디자인의 새 물결이 정보 네트워크를 통하여 전 세계 구석구석 개인들의 안방 모니터에까지 다다르고 있다. 정보화 시대가 인정하는 디자인의 가치는 손에 잡히진 않아도 놀라운 힘을 가지고 있다.

생활 속의 디자인

수원에 있는 북수원 감리교회의 배너 디자인을 의뢰 받아서 교회에 설치한 직이 있다. 그때 모델이 되었던 한 집사님이 자기 집에 장식하려고 한다면서 배너디자인을 부탁해 오셨다. 원래 공공장소에서 새로운 교회 문화적 광고의 기능을 위해서 디자인한 것인데 그것을 집에 설치하는 것은 그다지 기능적이지 못할 것이라고 생각하여 거절했다. 그런데 그 집사님은 경찰서장다운 특유의 끈질긴 인내력으로 계속해서 가족을 위해 배너를 선물하고 싶다는 부탁을 하시는 것이다. 결국 이 일을 통해서 디자인이 한 가정의 생활 속에서도 기쁨을 나누어 줄 수 있다는 사실을 경험하게 되었다. 크리스천이 운영하는 가게나 회사를 가보면 으레 붓글씨로 된 액자가 하나 정도는 붙어 있다. 그 내용은 서로 처음부터 약속이라도 한 듯 하나같이 "네 시작은 미약하였으나 네 나중은 심히 창대하리라"는 성구가 대부분이다. 이런 예가 그동안 생활 속에 만연했던 진부한 시각 문화의 한 단면을 보여주는 것이다. 앞으로는 좀더 창조적인 디자인이 부여된 볼거리 문화를 생활 속에서 찾을 수 있기를 바란다.

2장

새롭게 교회 디자인을 변화시키자

- 디자인 잘 쓰면 도구 못 쓰면 무기
- 새로운 크리스천 문화로서의 디자인
- 디자인 발전과 디자인 감시자
- 교계에 문화선교 바람이 분다
- 교회와 기독교 단체 이름도
  이젠 독창적으로 만들자
- 진실은 최고의 광고 효과
- 교회 디자인 인큐베이터 제도를 도입하자
- 교회 문화 변혁의 핵심
- 교회 디자인이 발전되지 않는 이유
- 뒷짐 지고 있는 디자인 전문가들
- 디자인 도입 결단의 부재
- 따라하기에 급급한 기독교 디자인
- 이익 환원에 인색한 기독교 백화점과
  구매에 인색한 기독교 소비 문화
- 골리앗 장로님의 옹고집
- 많은 수고 가운데서 만들어지는 교회의 심벌

디자인 잘 쓰면 도구 못 쓰면 무기

히틀러만큼 디자인의 가치를 빨리 깨우치고 광범위하게 적용한 사람은 드물 것이다. 2차대전 당시 히틀러는 나치의 컨셉을 체계화된 디자인을 통하여 전 세계에 알렸다. 친위대 마크에서부터 제복 디자인, 붉은 깃발, 긴 부츠 디자인, 차량 디자인 등 집단적으로 적용된 이 디자인들은 아직까지도 뛰어나다는 느낌을 준다. 단지 히틀러가 너무나도 나쁜 목적에 이 디자인의 힘을 사용한 것이 결정적인 잘못이었다.

이미지 디자인이 점점 필요해지는 시대, 21세기 목회에는 디자인의 힘이 귀하게 사용되어질 것으로 확신한다. 히틀러 같은 사람도 비록 악한 목적에지만 디자인을 사용했는데, 만유의 주재이신 주님을 알리는 절대 가치의 목적에는 당연히 디자인을 사용해야 하지 않겠는가? 교회에서 먼저 디자인 사역자를 세워서 복음 증거에 도움을 주며 여러 역할들을 서로 공유해야 할 것이다.

또한 디자이너가 일할 수 있는 조건들을 건강하게 만들어 가야 하는데 이것은 귀한 은사를 활용하는 측면에서도 필요하다. 지금 사탄 숭배나 악마주의자들은 그들이 추구하는 목적을 사탄적인 디자인을 통해서 청소년들이나 젊은 층에 계속해서 어필하고 있다. 지극히 마음에 평안을 가져다 주는 디자인이기보다는 어두움을 강조하고, 그들이 건설하고자 하는 암울한 세계를 미리 맛보게 한다. 이렇게 숨어 있는 사탄적인 디자인에 십자군의 디자인을 가지고 태초에 하나님께서 구상하신 창조 질서 안에서 이루어지는 디자인으로 맞서야 할 것이다.

지금도 TV 광고를 보면 도대체 무엇을 알리고자 하는지 알 수 없는 느낌을 주는 광고들이 많이 있다. 예를 들어서 휴대폰이라는 상품과 어항 속 금붕어는 금방 연결 지어지는 이미지의 결합은 아니다. 이렇듯 기존의 표현 방식을 과감하게 해체하는 포스트모던 디자인 기법이 모든 미디어 안에서 한 장르로 자리 잡아가고 있다. 어떤 때는 허무를 아름답게 표현함으로써 삶의 가치에 혼란을 주기도 한다. 모순 자체가 가치 있는 기준으로 받아들여지기도 하여 십대들이 자기만의 세계 안에 몰입됨으로써 다른 사람들의 간섭을 거부한다는 내용으로 표현되기도 한다.

우리는 이런 것들을 사이버 커뮤니티에서의 새로운 흐름으로 문제 없이 받아들이는 N세대들과 공존하고 있다. 앞으로 10~20년이 지나면 이런 사이버 문화를 온몸으로 느끼는 세대들이 주류를 이루게 될 것이다. 이들은 기호의 언어로 말할 것이며 심플한 느낌이나 나만의 개성이라는 이유로 점점 인간미를 상실해 가며 그렇게 자신을 잃어 가는 것을 당연시 여길지도 모른다. 이처럼 건강하지 않은 디자인이 사람의 정신에 미치는 영향은 크다.

성령의 충만함을 받아 디자인한 것과 세상 문화를 여과 없이 받아들이는 데 익숙한 디자인은 나름대로 차이가 있을 것이다. 이런 보이지 않는 영적 전투를 견디어 내며 성령이 충만한 디자이너들에게 교회는 관심과 용기를 불어 넣어 주어야 한다. 그들에게 멋진 디자인책 한 권이라도 사서 선물해 주며 격려해 주면 어떨까?

새로운 크리스천 문화로서의 디자인

컴퓨터에 관심이 있는 사람이라면 아이비엠의 트레이드마크를 기억할 것이다. 이 IBM 마그를 디자인했던 그래픽 디자인계의 거장 폴랜드는 "그래픽 디자인은 그 시대의 문화이며 엄청난 사회적 기능을 하며 대외적으로 무형의 외교관 역할을 한다"고 말했다. 현재 우리의 시각 문화 수준은 한국의 그래픽 디자인에 달려 있다고 볼 수 있으며, 그러므로 디자이너의 책임은 그 어느 때보다도 막중하다. 이처럼 한국에서 활동하고 있는 디자이너는 막중한 문화적 책임자인 동시에 사회적 책임자이다.

이런 디자이너의 역할은 교회 안에서도 마찬가지라고 생각한다. 우리 나라를 찾은 외국인 관광객들이 이구동성으로 지적하는 것 중 하나가 우리의

간판 문화가 제대로 정립되어 있지 않았다는 것이다. 도심의 크고 작은 빌딩에 붙어 있는 너저분한 광고판은 우리 시각 문화의 후진성을 단적으로 보여 주는 예이다. 한 마디로 시각 공해라고 해도 과언이 아니다. 광고판뿐만이 아니라 표지판도 문제이다. 고속도로나 국도의 도로 안내 유도 표지판도 불편하게 표기되어 있는 것이 많다. 특히 도심의 간판 공해를 일으키는 데 일조하고 있는 것으로 교회 사인의 문제를 제기하고 싶다.

우선 사인 환경 자체가 낙후된 것이 우리의 현실이지만, 전국에 있는 5만여 교회의 사인 디자인만이라도 제대로 정비된다면 우리 나라의 시각 환경 개선에 보탬이 될 것이라고 생각한다. 이처럼 교회가 함께 힘을 합쳐서 움직이면 그 영향력은 실로 엄청날 것이다.

1980년대 이후 우리 나라에서는 대기업이나 은행들이 CI 체계를 도입하면서 디자인 규정에 의하여 체계적이고도 조형성이 있는 사인 디자인을 건물이나 빌딩에 적용하고 있는 것을 볼 수 있다. 이렇게 통일된 사인체계는 건강한 기업의 느낌을 준다.

미래를 내다 볼 줄 아는 기업은 디자인의 미래 가치에 과감하게 투자함으로써 고객들 마음속에 더 나은 회사의 건강한 이미지를 심어 간다.

디자인 발전과 디자인 감시자

이제 다가올 문화의 시대에는 여론을 이끌어 가는 다수의 소리가 큰 힘으로 작용할 것이다. 물론 개성 있는 소수의 음성도 존중되어지고 그 가치를 발휘하겠지만, 다수가 가지는 공통된 목소리는 그 어떤 것보다 위력이 있다.

오래 전 일인데 한 기독교 출판사에 독자로부터 한 통의 항의 서한이 날아왔다. 내용인즉 책의 특이한 판형으로 인하여 책을 펼쳐 보기가 힘들고 책상 위에 놓으면 책이 자꾸 한쪽 방향으로 말려들어서 접히게 되니 이 책을 계속 판매하려거든 조약돌도 함께 제공하라는 내용이었다. 이것은 적극적인 문화 지킴이의 역할이었다고 생각한다. 어린 갓난아이가 자꾸 칭얼대고 보채면 젖을 주듯이, 디자인이 발전되려면 디자인 감시자가 그 기능을 소신껏 감당해야 한다. 부적절한 디자인에 대해서는 정확하게 문제제기를 해야 할 것이다.

디자인은 고객 감성 만족도와 밀접한 연관이 있다. 미국 최대의 자동차 회사인 GM이 일본의 소형차 시장에 도전하기 위해 수십억 불을 투입하여 제작한 새턴이라는 자동차는 전혀 새로운 차의 개념을 제시하며 판매량이 급격하게 늘어가던 중에 예상치 못한 위기를 맞이한 적이 있다. 몇십 대의 새턴 차에 전기 회로상의 문제로 화재가 발생하였는데 이 사실이 언론매체를 통하여 크게 보도되었던 것이다. 기업의 이미지를 해칠 수 있는 커다란 위기였다. 이때 새턴은 문제가 발생되자 즉각 대응 조치를 취하였고, 문제가 발생될 소지가 있는 전 차량을 딜러를 통하여 수리해 주었으며, 한꺼번에 몰려드는 고객들을 위하여 차가 수리될 때까지 바베큐 파티를 열고, 근처 유명 관광지로 무료 관광을 시켜 주면서 이미지에 큰 상처를 입힐 뻔했던 위기를 오히려 새턴에 대한 신뢰감을 높이는 기회로 이용했다. 고객 중심의 경영이 돋보이는 이 사례를 통하여 많은 이들이 중요한 교훈을 얻게 되었다.

우리 크리스천들도 대 사회적으로 문화 지킴이의 역할을 바로 감당하며 디자인이 앞서가는 나라가 되는 데 공동의 관심을 기울여야 한다. 또한 좋은 디자인을 생활 속에서 즐기며 인간의 모든 활동 안에 디자인을 접목시켜야 한다. 디자인 감시자가 할 일에는 좋은 디자인은 좋다고 인정하면서 적극 이용해 주는 것도 포함된다. 언젠가 판매용으로 제작했던 크리스천 컨셉의 스티커를 많은 사람들이 즐길 수 있어야겠다는 생각에 교회 인쇄물 안내 데스크에 비치해 둔 적이 있었는데 몇 시간만에 사람들이 앞다투어 가져가 주었다. 필요한 디자인 스티커라고 생각하고 적극적으로 이용해 준 문화 지킴이 역할이었다고 생각한다.

교계에 문화선교 바람이 분다

최근 들어서 한국 교계에 문화선교가 새롭게 시작되는 움직임이 있다는 반가운 기사가 신문에 실렸다. 어떤 교단은 아카데미를 통하여 전문 문화 목회자를 양성한다고 한다. 개인적으로 교회 문화선교에서 소홀히 할 수 없는 것이 문화선교에 디자인의 옷을 입히는 작업이라 생각한다.

사람들은 그 사람의 옷차림을 보고 사람의 됨됨이나 문화적 수준, 그 사람의 신분을 짐작하게 되는데 그동안 한국에 깊이 각인된 기독교에 대한 선입견은 긍정적이기 보다는 부정적인 모습으로 더 크게 비쳐진 것이 사실이다. 특히 교회를 떠올릴 때 수준 있는 디자인 문화를 소유한 곳이라고 여기는 사람은 거의 없다. 대부분은 "교회에도 디자인이 있느냐?"는 식의 통념을 가지고 있다. 이제 교회가 문화선교를 외칠 때는 그 의도에 적합한 디자인을 통해 시각커뮤니케이션의 수준을 달리 해야 할 것이다.

N세대는 감성문화 시대에 감성을 소비하는 주체적인 세대이다. 그들은 느낌을 소비하며 사는 사람들이다. 교회 문화선교라

는 단어에 집중하기보다는 교회 문화선교 안에서 보여지는 감
성화 된 시각 메시지에 더욱더 반응한다.

　요즘 소위 앞서가는 세상 문화를 보라. 특히 N세대나 R세대
를 대상으로 하는 일반 기업의 광고를 눈여겨 보면 얼마나 세련
됐는지 알 수 있을 것이다. 이런 광고가 가지는 한결같은 점은
광고 안에 디자인이라는 행위와 전략이 스며들어 있다는 것이
다. 그들은 N세대의 감성적인 취향을 읽어내는 직관력을 가지
고 있다.

　기독 문화 전문가는 디자인 감각도 있어야 한다. 디자인이
스며든 기독 문화는 엄청난 힘이 내재되어 있다는 것을 인식하
는 사람들이어야 한다. 디자인은 기독 문화 행사에 구색맞추기
식으로 포함되는 기독 미술보다 훨씬 더 광범위하다. 디지인은
곧 생활이며 N세대 및 모든 세대의 기호품이다. 또한 교회에 다
니는 사람이건 교회에 다니지 않는 사람이건 디자인으로부터
완전히 벗어날 수는 없다. 교회의 목사님들도 무의식중에 디자
인이라는 기호품을 이용하고 있다. 가령 차를 구입하고 차의 색
상을 결정하는 것도 무의식중에 디자인을 고려하는 구매행위이
다. 이렇게 생활에 스며들어 있는 디자인을 교회 문화 전략 안
에 자연스레 연결 지어서 생각하는 인식이 필요하다고 느낀다.

　대중문화의 물결에 대응키 위한 기독 문화 확립을 말하면서
디자인을 제외시키고 문화사역에 접근한다면 정작 문화 주체인
젊은 세대로부터 다시금 외면 당할 수도 있다. 기독교 문화축제
를 알리는 포스터나 플래카드, 안내 리플렛을 만든다면 그것은
당연히 문화를 말하는 만큼 사람들의 관심을 유도하는 세련된
디자인을 갖추어야 한다. 가령 촌스러운 시각 매체를 그대로 답
습하면서 기독교 문화 축제를 외친다면 그것은 이름뿐인 문화

축제가 되고 말 것이다. 시중에 유명한 광고 중에 "무늬만 나무 아니예요?"라는 카피가 있듯이, 세상 문화가 홍수처럼 범람해 오고 있는 상황에서 무늬뿐인 문화를 부르짖는다면 세상 사람들에게는 또 하나의 말잔치로 인식되고 말 것이다.

우리는 기억해야 한다. 하루가 다르게 세상 문화를 만들어 가는 제작자들은 우리보다 훨씬 막강하며 뛰어난 감각의 소유자들이며 시대의 흐름을 꿰뚫고 있는 무서운 감각 집단인 것을 말이다. 그들은 이미 세상 문화의 눈부신 발전을 위해서 엄청난 투자를 쏟아부어온 사람들이다. 우리가 교회 문화의 개혁을 부르짖을 때 빼먹지 말아야 할 것은 실제적인 투자이다. 물질적인 것이든, 정신적인 것이든, 영적인 것이든 반드시 심은 만큼 거두는 것이다. 그런데 이 문화는 돈 안 드는 무성한 말과 문자로만 발전되는 것이 결코 아니다. 기독교 문화를 살찌우려면 그만큼 부르짖음에 걸맞는 합리적인 재정이 뒷받침 되어야 한다.

일전에 옥한흠 목사님이 설교 중에 요즘 교인들은 말이나 몸으로 때우는 일은 주저하지 않으면서 정작 재정이 필요할 때는 꼬리를 감추고 있다는 말씀을 하신 적이 있다. 충분히 일리가 있는 말씀이라 생각되었다. 시간이 흐르면 그저 새로운 이슈로 등장하듯이 문화 목회를 부르짖는 것보다는 기독교 문화 개발에는 투자가 있어야 열매가 있다는 사실을 기억하는 것이 필요하다. 그리고 어떤 형태로든 한 알의 밀알이 떨어져야만 씨를 뿌리고 열매를 거둘 수 있는 것이다. 기독교 문화에는 반드시 그 문화에 걸맞는 기독교 디자인을 지혜롭게 접목시켜야 한다. 지금 디자인이라는 씨앗을 심어 두어야만 기독교 문화가 세상 속에서 보다 많은 새로운 열매를 거둘 것이다.

교회와 기독교 단체 이름도
이젠 독창적으로 만들자

우리 나라의 대표적인 속옷 제조회사 중에 BYC가 있다. 원래 이 회사의 이름은 백양 메리야스였는데 한국적인 감성에는 편안한 이름이었지만 국제 시장에 진출하기 위해서는 누구나 쉽게 발음할 수 있는 이름이 필요했다. 그래서 지금의 BYC가 탄생했고 세계적인 브랜드로 성장하게 되었다. 만일 계속해서 백양 메리야스라는 이름을 고집했다면 국제 시장에서 그만한 인지도를 획득하지는 못했을 것이다.

우리 나라에는 수많은 교회가 있는데 그 중 수없이 많은 교회가 이름을 지명이나 동 이름을 넣어서 만들고 있다. 그러나 전 세계 지구촌이 하나되어 가는 상황에서 좁은 지역 이름을 교회에 적용하는 것은 너무 편협하고 진부하다는 생각이 들지 않는가? 우리 나라의 성장한 교회들은 대부분 개성 있는 교회 이름을 사용하고 있다. 그것은 그만큼 교회의 이름을 중요하게 생각해야 하며 교회가 성장한 후에도 어울릴 이름으로 신중하고 거시적인 안목을 가지고 만들어야 한다는 사실을 말해주고 있다. 특히 지금도 계속해서 시작되고 있는 개척교회들이나 개척교회를 준비하고 계시는 목사님들은 교회 이름을 결정하는 데 좀더 많은 시간을 투자할 필요가 있다. 지금도 몇몇 중·대형 교회에서는 사용중인 교회 이름을 새롭게 바꾸기 위해서 고심하고 있다. 왜냐하면 그동안 사용해 오던 교회 이름이 지역의 한계를 벗어나지 못하기 때문이다. 이처럼 한번 지어진 이름을 바꾸기란 여간 힘든 것이 아니다.

기업들도 어떤 제품을 출시할 때 그 제품명을 소비자들에게 어필하기 위해서 엄청나게 고심하면서 브랜드 네이밍(Brand Naming) 작업에 많은 예산을 투자하고 있다. 또한 브랜드 가치는 천문학적인 액수로 환산되기도 한다. 우리가 잘 아는 코카콜라라는 회사가 망하더라도 그 이름만으로도 다시 사업을 할 수 있을 정도라고 한다. 우리 나라에서는 선경이 SK로 회사명을 변경하면서 국내외적으로 성장하고 있다. 국제화시대에 SK라는 사명이 훨씬 더 사람의 머리 속에 각인되기 때문이다. 럭키 금성도 LG로 사명을 바꾸면서 더욱 공격적으로 글로벌 마케팅을 펼치고 있다.

사람의 영혼에 깊이 각인되는 교회의 이름은 참으로 중요하다. 지금도 성경 안에는 보석 같은 이름들이 많이 숨어 있으리라 생각된다. 새로운 교회로 출발하는 시작점에서 교회 이름은 무척 중요하다 .이런 교회 이름은 어떨까! 빛이있는교회, 예향교회, 글로벌교회, 사랑촌교회, 참빛교회, 라이브교회… 얼마 전 기독교 교육 개발에 관한 업무를 담당하는 단체의 이름 중에서 신선한 이름을 들었다. 다음 세대를 위한 교회 교육이란 의미의 에듀넥스트가 그 이름이다. 에듀넥스트는 에듀케이션과 넥스트제너레이션의 합성어로 만들어진 것이다. 글로벌한 느낌과 새로움이 넘쳐나는 설득력 있는 이름이라 생각된다. 에스에스 혁신보고서의 저자인 김만형 목사님이 직접 네이밍하신 것

으로서 필자가 에듀넥스트의 이미지 디자인 작업에 참여 했을
때 참으로 좋은 이름임을 느낄 수 있었다.

진실은 최고의 광고 효과

얼마 전에 우물가선교회에서 서울 전역에 뮤지컬 배우를 모집하는 광고를 한 적이 있었다. 그 뮤지컬을 기획하는 분들과 진실이 통하는 광고를 만들자는 데 뜻을 같이 하여 고민하며 디자인 컨셉을 정하였다. 뮤지컬 제목은 "He"였는데 He는 예수님을 상징하는 표현으로서, 약간은 우회하듯이 진리를 전달하고자 하여 "He"라고 제목을 정했다. 포스터와 엽서의 내용은 어떤 대학생 자원봉사자가 정서 장애아를 업고 있는 사진을 He라는 단어와 함께 구성하는 것이었다. 엽서 뒤에는 대학생 자원봉사자가 매 주일마다 돌보는 자폐아동의 생일을 맞이하여 보낸 잔잔한 사랑의 편지를 실었다.

이렇게 만들어진 포스터는 각 교회와 젊은이들이 많이 모이는 대학로에 붙여졌고, 엽서는 자원봉사자들이 오후 내내 대학로를 다니면서 많은 젊은이들에게 나누어 주었다. 보통 길거리에서 받은 광고 엽서나 전단을 집에까지 가지고 가는 경우는 극히 드물다. 그런데 놀랍게도 선생님이 자폐아동에게 보내는 편지가 담긴 엽서를 받은 사람들이 한 사람도 휴지통에 그 엽서를 버리지 않았던 것이다. 그때 엽서를 나누어 주는 일을 맡았던 자원봉사자들은, 계속해서 5시간 정도 대학로에 머물면서 수천 장의 엽서를 나누어 주었음에도 불구하고 길거리에 버려진 엽서를 발견할 수 없었다면서 매우 놀라워했다.

그 엽서에는 혼탁한 이 시대에는 보기 드문 순수함과 세상에 마음을 충분히 빼앗길 수도 있는 젊디젊은 나이의 대학생이 편지로 쓴 고백이 있었다. 한 자폐아동을 마음속 깊이 우러나오는 사랑으로 대하면서 쓴 잔잔한 사랑의 편지가 많은 이들에게 감동과 공감을 불러일으킨 것이다.

이것은 한 예에 지나지 않지만 교회가 만드는 복음적인 홍보는 이같이 진실이 담긴 소리와 디자인이 만나게 될 때 가히 상상할 수 없는 놀라운 광고 효과를 드러내게 되는 것이다. 교회 이미지 개선을 위한 디자인 문화의 발전은 어두움과 거짓이 판을 치는 이 시대를 향한 선포이다. 너무나도 진실을 찾아보기 힘든 이 시대에 복음이 말하는 진실을 새로운 시각에서 알리는 일은 반드시 필요하다. 하나님의 이름을 인정하는 가운데 디자인을 통해 세상에 건강하고 바른 메시지를 전달하는 것이 가능하다는 것을 믿는다.

교회 디자인
인큐베이터 제도를 도입하자

최 근에 광고 디자인 회사를 수년간 꾸준히 운영해 오면서 준비한 재정으로 성경 캐릭터 디자인에 집중적으로 투자한 디자인 디렉터를 만나본 적이 있다. 대화 중에 그분이 인상적인 말을 하였는데 왜 교회는 디자이너에게는 장학금을 주지 않느냐는 내용이었다. 척박한 교회 디자인의 현실 앞에서 힘없지만 소신 있는 디자이너의 항변이라는 생각에 공감하였다.

이처럼 어딘가에는 드러나지는 않지만 소신껏 교회 디자인 문화의 개선을 위해서 비전을 불태우는 사람들이 있을 것이다. 아마도 디자이너만큼 머리를 많이 사용해야 하는 직업도 드물 것이다. 물론 진정한 디자인의 가치를 위해서 최선의 수고를 다 하는 디자이너라는 전제가 있어야 하겠지만, 밤낮이 따로 없이 움직여야 하는 직업이 디자이너이다. 아침 아홉 시에 출근해서 저녁 여섯 시까지 자리만 지키면 아이디어가 떠올라 작업을 하게 되는 것이 아니라 시도 때도 없이 영감이 스쳐 지나가면 바로 작업에 뛰어드는 경우가 허다하다.

또한 디자인을 제대로 습득하는 과정에서도 만만치 않은 비용이 필요하며 새로운 디자인을 위해서는 앞서가는 컴퓨터 디자인 장비를 적절하게 도입해야 한다. 모든 교인들에게 나누어 줄 수 있는 문화 혜택인 교회 디자인은 무엇보다도 관심을 필요로 하며 그 관심이 지원으로 이어질 때 그 가치를 발휘할 수 있다. 아직도 한국 교회 안에는 교회 디자인에 전적으로 사용하는 예산을 확보하고 있는 경우가 거의 없는 실정이다.

그동안 교회는 선교에는 거의 절대적이라 할만큼 의미를 부여하고 무조건 지원하는 분위기였다. IMF 사태 이후에 교회 역시 어려움을 당하면서 선교 후원 예산이 줄어들기도 했지만 교회는 여전히 선교에는 우선적인 지원을 하고 있다.

필자는 선교를 디자인을 통해서도 할 수 있다고 믿는다. 커뮤니케이션 시대에 디자인을 활용하는 선교는 많은 가능성을 지니고 있다. 지금은 디자인 선교를 위한 지원을 통해 새로운 선교의 패러다임을 세워나가야 할 때이다.

교회 문화 변혁의 핵심

$\boxed{\text{이}}$ 시대 많은 사람들이 염려의 눈빛으로 이 땅의 문화가 어두움의 문화이며 위기의 문화이며 예측불허의 문화라고들 말하고 있다. 그리고 교회 안에서는 주일학교 교회 교육에 한계를 느끼고 있다고 말한다. 신세대를 수용하는 데 교회가 좀더 적극적이어야 한다고 말한다.

그러나 또 한편에서는 교회 안에 교인들의 휴식공간이나 교제의 공간이 필요하며, 교회 주차장을 늘려야 하고, 교인수 증가로 인해 4부 5부까지 예배가 늘어나야 한다고들 아우성이다. 한 마디로 쉽게 결론지을 수 있는 상황이 아닌 것은 분명하다. 그렇지만 교회가 새천년, 새 문화의 주체가 되고, 이 땅의 황무함을 뜨거운 부흥의 물결로 뒤덮어서 생명을 만드는 주체가 되어야 한다는 것은 너무도 필요하며 당연한 일이다.

반가운 일은 문화의 위기에 관한 문제들을 많이 경험하면서 교회는 문화가, 그것도 기독교 세계관에 입각한 진정한 교회의 문화가 이루어져야 함을 인식하고 있는 것 같다. 그러면서도 왜 아직 교회 안에는 진정한 교회의 문화는 어떠해야 한다는 포스터 한 장 붙어 있지 않은 걸까? 문화에 관련된 책 몇 가지만 사서 읽어보면 해결되는 것일까? 세상의 문화가 시각적인 맹독성 표현을 얼마나 토해내고 있는지 잘 모르고 있는 것은 아닐까?

이론만 강한 문화 대안으로는 역부족인 것이 현실이다. 작은 교회들은 흉내내기도 힘든 방대한 규모의 새로운 예배 기획의 시도는 지극히 큰 교회 위주의 발상이라고 생각한다. 이런 류의 세미나에 부푼 마음을 안고 왔다가 깊은 한숨만 쉬고 돌아가는 많은 지체들을 보면서 늘 안타까움을 느꼈다. 필자가 외치는 교회의 디자인도 형편이 되는 교회만의 전유물로 인식되어질까 무척 두렵다. 디자인에는 현명한 실용성과 유희적인 자기만족의 딜레마가 항상 있기 때문이다.

세상의 문화를 닮고, 분석하고, 문제를 제기하는 것은 어쩌면 너무나도 다행스런 시작이다. 밥 먹는 것을 걱정하던 시대는 서서히 지나가고 문화를 먹고 살아가야 하는 시대에 발을 담고 있는 이 때, 문화 전쟁에서 살아있는 말씀의 검을 빼어들고 어둠의 문화가 더 이상 자라지 못하도록 그 싹을 잘라버리는 결단이 필요하다. 이처럼 긴급한 상황 속에서 교회 문화가 세상 문화에 무방비로 노출된 것은 이미 드러나 있는 현재의 상황임에 틀림없다.

그런데 그렇게 인정하는 것만으로는 여전히 부족하다. 교회에서 제일 흔하게 붙이는 단어 중에 사역자라는 단어가 있다. 찬양 사역자, 문화 사역자 등 이런 감투를 쓰고 있는 사람들을 만난 적이 많은데 그 사람들 중에서 정말 치열하게 애쓰고 노력하며 뛰어난 재능과 깊은 영성을 갖춘 팔방미인을 찾아보기는 쉽지 않았다. 그것은 전략을 골고루 갖추지 못한 상태에서, 다시 말하자면 철저하게 애쓰며 준비한 수련의 기간이 부족한 상태에서 얼마간 준비하면 문화 사역자라는 감투를 쓰게 되기 때문인 듯했다.

크리스천 디자이너들에게 깊은 관심을 두고 지켜볼 때, 정말 피나게 노력하고 자신의 부족함을 철저하게 준비해 가는 디자이너들을 찾아보기가 쉽지 않음을 느끼며, 제자 양육이 디자인 분야에서도 시도되어야 한다고 결론을 내리게 되었다. 선생은 제자에게 어떤 기능을 가르치기 전에 먼저 멀고도 험한 수련의 시간을 기꺼이 감내할 수 있게 하는 인내의 훈련을 더욱 강조한다. 이처럼 교회 안에서도 일 년마다 감투가 바뀌는 사역자들 세우기에만 관심을 가지지 말고 먼저 정금같이 단련된 전문가들을 양육시켜야 한다.

문화와의 전쟁을 선포하고 있는 지금은 이런 일반 문화 속에 스며들어 있는 비기독교적이며 비인간적이고 가혹하며 폭력적이고 선정적이며 허무한 요소들을 인식해야 한다. 우리는 기억에 남을 수 있도록 참 생명으로 태어난 기독교의 문화 요소로 직격탄을 가해야 한다.

지금 교회 안에 기독교 문화의 동조자와 세상 문화의 동조자가 어떤 비율을 차지하고 있을지 무척 궁금하다. 입으로는 교회 문화를 외치고 삶은 세상 문화 안으로 기웃거리는 현재의 모습을 당장 부인할 수는 없을 것이다. 이 상황에서 교회와 크리스천은 가시적인 선포의 행위를 더욱 적극적으로 해야 한다고 본다.

기업에서 어떤 한 제품을 사람들에게 판매하기 위해서는 제품을 알리는 런칭광고를 하는데, 이 런칭광고는 한두 번 하고 그치는 것이 아니라 그야말로 융단 폭격하듯이 대대적으로 시도한다. 사람들은 이렇게 떠들어대야 조금 꿈쩍한다. 장사하는 것도 이렇게 떠들어대야 하는데 교회가 문화를 외치면서 세미나 몇

번, 전문서적 몇 권, 문화 사역자를 초청한 포럼 몇 번으로 위로 받아 왔다면 반드시 전략의 수정이 이루어져야 할 것이다.

스티븐 스필버그 감독이 제작 지휘한 "쥬라기 공원"이 세계적인 대성공을 거둔 것은 익히 아는 사실이다. 그 영화 한 편의 수익이 우리 노동자들이 눈에 불을 켜고 자동차를 만들어서 2년 내지 3년에 걸쳐 수출한 금액과 맞먹는다는 것도 잘 알려진 내용이다. 그때 우리 정부에서는 부랴부랴 영화산업을 부흥시키자며 시급한 문화 정책을 외쳤다. 스티븐 스필버그가 그렇게 호락호락한 감독인가? 또한 그 영화의 컴퓨터그래픽과 애니메이션 제작을 위해서 투입된 워크스테이션 컴퓨터가 한두 대였겠는가? 공룡 애니메이션의 자연스런 동작이 그냥 말같이 쉽게 만들어졌겠는가? 대답은 당연히 노(No)이다.

지금 교회는 세상에 문화를 외치기 전에 먼저 교회 안에서 외쳐야 한다고 본다. 흔히 내부에 첩자가 있어 일을 그르치듯이 교회 안에서 요지부동의 자세를 취하고 있는 사람들이 의외로 많아 문제가 생길 수도 있을 것이다. 아니면 돗자리를 깔아 놓지 않아서 눈치만 보다가 지쳐서 돌아간 사람들이 있을 수도 있다. 교회 안에서 문화를 외치다가 교회가 너무도 느리게 수용의 자세를 취하는 데 반발하는 사람도 있을지 모른다. 나이는 신세대인데 생각은 애늙은이인 사람도 많다. 경건의 옷을 입는다는 것이 곧잘 폐쇄적인 사고로 이어지고 마는 일도 부지기수이다. 위대한 사도 바울은 당대 최고의 지성이라 할 수 있는 가말리엘의 문하생이었지만, 전도 여행을 할 때 그의 직업은 천막을 짓는 것이었다. 크리스천이라면 누구나 알고 있는 사실일 것이다.

세상을 바로 이해하는 지성이 경건한 지성이다. 가장 거룩하신 하나님께서도 성막을 짓도록 명하실 때 다양한 색을 사용하셨다. 우리가 건강한 교회 문화의 발전을 외치는 저마다의 목소리를 하나로 합쳐갈 때 비로소 세상 문화가 정확하게 파악될 것이다. 그렇지 않으면 문화에 '열려 있는 교회'와 문화에 '닫혀 있는 교회'라는 식의 흑백논리로 또 한 번 분리되는 것을 경험할 수밖에 없을 것이다.

문화 사역을 하는 주체는 모든 크리스천이다. 또한 크리스천 모두가 교회 문화 변혁의 핵심이 되어야 그 힘이 위력적일 수 있다. 이러한 문화의 영역을 소수의 전문가들에게 위임해 놓기에는 역부족이다. 모든 사람들이 교회 문화 현장에서 실무자가 되어야 하며 실천하는 행동이 되어야 할 것이다.

교회 디자인이 발전되지 않는 이유

교회 안에서 아직 디자인이라는 단어가 생소한 시점에서 교회 디자인이 발전되지 않는 이유부터 제기한다는 것은 다소 순서가 뒤바뀐 감이 있다. 하지만 적어도 지금 제기하는 몇 가지 이유는 어느 정도 함께 생각해 볼 의미가 있다고 믿는다. 그동안 교회 디자인이 발전되지 못한 이유 중 하나는 교회 안에서 디자이너를 키울 수 있는 토양이 마련되지 않았기 때문이기도 하지만 디자이너라는 전문직 자체의 개념이 희박했기 때문이기도 하다. 그런 이유로 전문가를 키운다는 것이 아예 논의의 대상조차 되지 못하고 있는 현실이다.

무엇보다도 자신이 디자이너라고 믿고 싶은 사람이 대부분이라는 현실이 문제이다. 전자 출판의 혁명으로 인해 우후죽순 격으로 생겨난 컴퓨터그래픽 학원에서는 엄청난 숫자의 학원생들을 대량으로 배출해내고 있다. 그러나 배출되고 있는 숫자와 능력 있는 디자이너의 수는 반비례하고 있다. 우리가 흔히 전문가라고 인정하려면 적어도 그 방면에 수년 이상의 세월을 투자해야 하는 것이 인지상정이다. 그런데 요즘은 컴퓨터를 6개월

새롭게 교회 디자인을 변화시키자

정도 만지작거리고 나온 사람도 버젓이 전자출판 디자이너라는 명함을 붙이고 다닌다. 정확하게 말하자면 컴퓨터 조작자이지 진정한 디자이너는 아닌 것이다. 전문적인 디자인은 철저한 애씀과 훈련으로 이루어지기 때문이다. 모든 원리에 input 없이 어떻게 output이 있겠는가? 습득하고 부단히 노력하고 시간을 투자하지 않고서 어떻게 시대를 이끌어 가는 디자인 전문가가 되겠는가?

또한 그동안 교회나 선교단체 안에서는 문서선교, 문서사역이란 단어가 너무나도 흔하게 언급되어 왔고, 선교나 사역이라는 일 자체는 크리스천이라면 누구나 한번은 해보고 싶은 분야이기에 전문화되지 않은 사람들도 이 영역을 쉽게 생각하는 경향이 있다. 필자가 잘 아는 우리 나라의 대표적인 선교단체에서는 2년이 넘도록 편집 디자인을 담당할 디자이너를 찾고 있는데 아직까지도 합당한 전문가를 찾지 못해서 계속 외부 용역 업체에다 일을 맡기고 있다. 이것은 하나의 예이지만 준비된 사람들이 그만큼 흔치 않다는 것을 보여준다.

그동안 교회의 문서나 홍보인쇄물을 담당해 왔던 전문 기획사의 맨 파워에도 많은 한계점이 있는데, 이로 인해 교회 디자인의 가속적인 발전에 어려움이 있었다. 탁월한 감각과 실력을 겸비한 사람들이 계속 이어져 나오기보다는 마음씨 좋은 사람들이 이 분야에서 오랫동안 종사해 오고 있는 것이 현실이다. 마음씨 좋은 디자이너들은 다소 주관적이며 새로운 컨셉에 도전하는 정신이 약한 경우가 많다. 상대의 말을 너무 잘 귀담아 들어 주는 것은 자신의 색깔과 디자인 정신이 약하기 때문이라고 볼 수 있다. 심지 곧은 디자이너가 많이 배출되어 하나님의 영으로 충만해질 때 세상을 뒤집을 수 있는 시각적 메시지가 넘쳐나는 것이다.

어떤 형태로든 크리스천 디자이너의 실력이 탁월하게 변화되어야 하며, 자신에 대하여 너무 관대한 자세는 버리고 자신의 발전을 염두에 두고 실력과 실수를 냉정하게 바라보는 용기가 필요하다. 우물 안 개구리 같은 사고방식에 사로잡히는 한 언제나 그 자리에 머무르게 되고 말 것이다. 교회 안의 시각 문화 개혁자의 입장에서 보다 창의적으로 과감한 도전을 시도해야 하며 숨어 있는 크리스천의 생각을 새롭게 끌어내야 한다.

지금 미국의 젊은 그래픽 디자이너들에게 상당한 영향력을 끼치는 사람 중에 데이비드 칼슨이란 디자이너가 있다. 그는 "나의 작품은 사람들에게 보여 주고 평가받기 위함이 아니라 그들의 마음속에 잠재되어 있는 새로운 세계를 열어 주는 데 그 목적이 있으며, 그래서 사람들이 나의 디자인을 알아 주기보다는 스스로 느끼게 하고자 한다"라고 말했다. 디자이너가 사람들의 상식적인 입장 안에서 또한 자신이 경험한 사고의 틀 안에서만 맴돌고 있다면 새천년에도 어떻게 교회 디자인이 획기적일 수 있겠는가?

진정한 디자이너는 시대를 읽는 문화적 원시안이 필요하며, 미리 앞서 가 있으면서 사람들의 영혼에 담긴 필요들을 끄집어낼 수 있어야 할 것이다. 지금도 목사님이 지시하는 대로 컴퓨터 앞에서 타의적인 오퍼레이션을 하는 많은 데스크탑 편집자들이 자신의 색을 찾아갈 때 교회 디자인이 좀더 새로워질 수 있다. 진정한 디자이너는 대리인의 역할을 해서는 안 된다. 일을 의뢰하는 사람들이 미리 그려 놓은 것을 정리하는 차원에서 손봐 주는 것이 어찌 진정한 디자인이겠으며 자신의 소리를 담은 디자인이겠는가.

요즘에는 급속하게 발전되어 가는 컴퓨터 그래픽 장비와 소프트웨어들로 인하여 디자인 작업이 획기적으로 변화되어 가고 있다. 이런 변화에는 긍정적인 면도 많이 따르지만 심지 곧은 디자인을 찾아보기가 쉽지 않다는 부정적인 면이 드러나고 있다. 너도나도 비슷한 표현방법을 쓰다보니 컴퓨터그래픽의 느낌이 확연하게 드러나는 몰개성적인 디자인이 대부분이다. 또한 몇 가지 많이 사용하는 기능을 외워서 판에 박은 듯이 표현하는 디자인이 어찌 경쟁력이 있겠는가? 개성 있는 디자인은 이제 찾아보기가 쉽지 않다. 특히 교회에 관련된 디자인을 보면 그 표현방법이 한결같음을 발견할 수 있다.

기독교 디자인이 세상의 시각 문화 전투의 장에 나아가기 위해서는 더욱 치밀한 계획과 번뜩이는 감각, 그리고 무엇보다도 중요한 창조주 하나님의 영으로 충만해져야 한다. 그리고 자신에게 과감하게 투자해야 한다. 지금도 뛰어난 베스트셀러를 만드는 작가들 치고 방대한 독서를 하지 않는 사람은 없다. 디자이너의 일하는 시간은 "9 to 6"가 아니다. 24시간 디자인의 생각 안에 사로잡혀 있어야 한다. 영국의 세계적인 디자이너 중 한 사람은 하루에 17시간 디자인한다고 한다. 거의 하루종일 디자인 안에 파묻혀서 지내는 것이다. 혹 주변에 아는 디자이너가 있으면 당부해 주길 부탁드린다. "목숨을 걸고 디자인하라"고 말이다. 그리고 그들을 "교회 시각 문화 변혁의 중심에 있는 진정한 사도들"이라고 격려하고 세워주어야 한다.

교회 디자인이 발전되지 않는 이유 중에 생각해 볼 수 있는 또 다른 하나로는 교회의 무관심을 들 수 있다. 예전에 평소 잘 아는 아트디렉터가 교회 홍보일 때문에 '디자인의 필요성을 어떻게 보십니까?'라는 내용의 설문조사를 목사님들을 대상으로

한 적이 있었는데 전체응답자의 95.6%가 디자인이 필요하다고 대답했다. 그 때가 80년대 중반이었는데 지금은 새천년이 되었으니, 그때 기준으로 보더라도 지금은 99%쯤은 되지 않을까 싶다. 교회 디자인의 발전이 실천 없는 말로만 이루어진다면 누가 못하겠는가? 참고로 디자인 관련 전문서적의 금액이 신앙서적 10~20권 값에 달하는 것을 아시는지. 디자인 전용 컴퓨터가 일반 사무용 컴퓨터보다 2~3배 이상 고가인 것이 현실이다. 디자인 전용 소프트웨어 역시 엄청난 고가이다.

디자인에는 많은 투자가 필요하다. 교회의 무관심은 결국 투자하지 않는 마인드로 자연스레 이어진다. 하지만 어른들이 필요하다고 믿는 관행에는 서슴없이 지출하는 사례가 교회 안에 많이 있다. 백과사진처럼 화려하게 민든 교회 연감에 들인 비용을 교회 주일학교의 교육용 시청각 자료 제작에 투자한다면 어린 꿈나무들에게 얼마나 큰 기쁨을 줄 수 있을지. 그들이 자라나서 또다시 어린 세대를 위하여 건강하게 투자하지 않겠는가.

한국 교회가 교육투자에 인색한 것은 어제 오늘의 일이 아니라고 본다. 교육투자에도 이렇게 인색한데 디자인 투자에는 두말할 나위가 없을 것이다. 하지만 여기서 멈출 수는 없다. 새천년은 교회의 디자인 문화가 바뀌어지기를 요청하고 있으며 교회의 주된 구성원은 점점 젊은 세대로 이동되고 있다. 젊은 세대치고 디자인을 소홀히 하는 사람은 드물다. 젊은 세대들에게 있어서 디자인은 필수적인 기호품이다. 젊은 목사님들만 보더라도 디자인에 많은 관심을 가지고 계시며 교회사역 안에서 디자인을 적용하는 방법에 대하여 고민하고 계신 분들이 많다. 여전히 그분들의 가장 큰 어려움은 결정권을 가지고 계신 담임 목사님을 설득시키는 일이다. 또한 교회의 중요한 의사결정기관인 당회의 구성원들을 설득시키는 작업 역시 어렵다는 말을 그 분들로부터 자주 듣게 된다. 이제는 교회 안에 디자인이 적용되는 것이 절실한 때임을 느껴야 한다.

참여적이고 감성적이며 새로운 것을 쉽게 수용하는 신세대의 요청을 침묵으로 일관하고 있을 수만은 없다. 얼마 전에 어떤 젊은 목사님이 디자인 관련 자료를 기회가 될 때마다 수집해서 교회 안에 적용하려고 애쓰는 것을 보았는데 이런 열정을 교회에서는 귀하게 여겨 주어야 할 것이다. 또한 그런 일들이 시간낭비가 아니라 시대를 빠르게 파악하고 읽어 가는 혜안에서 비롯되는 것임을 생각해 주었으면 좋겠다.

뒷짐 지고 있는 디자인 전문가들

대형 교회일수록 이런 현상이 심화되고 있는데 자신이 디자이너임을 결코 드러내지 않는 사람들이 교회 디자인의 발전을 늦추는 숨은 공로자들이다. 성도 1만 명 이상의 교회면 얼마나 다양한 직업을 가진 사람들이 있겠는가? 그 가운데는 성악가도 사업가도 법조인도 교수도 회사원도 건축가도 디자이너도 있을 것이다.

사회에서 현업에 종사하는 디자이너들은 대부분 일반적인 디자인 작업을 주 업무로 삼고 있다. 이런 분들 가운데는 탁월한 능력을 갖춘 분들이 많은데도 교회 안에서는 대부분 자신의 직업을 밝히지 않는 것 같다. 이분들도 수준 없는 교회 디자인을 보면 속으로 엄청 답답할 것이다. 이들이 새천년에도 지금까지 침묵해온 것처럼 계속해서 묵묵부답하고 있을 것인지 궁금하다. 교회가 요청하지 않는다고 교회를 위해서 할 일을 자원해서 하지 않으려는지. 또한 교회는 이런 재원들을 무관심하게 방치해두려는가? 새로운 디자인 문화 전략을 선포하여 사람들을 불러모아야 한다.

서울 강남의 한 교회는 교회의 행사나 불신자 초청 예배를 기획할 때 디자인 전문가들에게 참여의 기회를 자주 주고 있다. 또한 크리스천 미술가들이 그들의 작품세계를 통해 신앙적인 고백을 나누는 미술전시회도 기획하여 진행하고 있다.

그동안의 교회 디자인을 돌아보면 전문가들이 침묵하고 있을 때 열심만 가득한 사람들이 나서서 얼마나 많은 교회의 일을 시행착오에 빠트렸는지 알 수 있다. 목사님들이나 비전문가들이 열심 하나만으로 교회에 문화공간을 만들어 가다보니 어려움이 많다. 일각에서는 교회가 십자가의 피묻은 복음 이외에 왜 인간적인 방법을 동원하는가 하고 문제삼기도 한다. 이런 그릇된 선입견의 해결을 위해서 전문 영역의 전문 집단이 수고해야하는 것이다. 교회 안의 최첨단 시설이 젊은 세대에 큰 만족을 줄 수 있을지 시도해보기 전에는 모르는 일이지만 어설프게 시도해보고 아니다라고 말하는 것 또한 잘못이라 할 수 있다. 교회가 카페다운 카페나 공연장다운 공연장을 만들어 준 경우가 얼마나 되겠는가? 다들 교회가 경험해 본 수준에서 평가하기 때문이다. 이제는 교회의 본질을 바르게 알리는 도구로서 디자인이 제 몫을 담당해야 할 때가 되었다. 재능을 가진 많은 사람들이 자신의 보따리를 조금씩 풀어가는 훈련과 실습이 필요한 때이다. 아직도 교회문화의 혜택을 부여받지 못하고 있는 수많은 크리스천들에게 말이다.

디자인 도입 결단의 부재

사람이 고정관념을 무너뜨리는 것은 결단의 문제라고 생각한다. 그동안 경험하지 못해온 영역을 접하는 것이나 지금까지 익숙해져온 흐름을 바꾸는 것은 분명 중대한 결단이 필요한 일이 될 것이다. 이렇듯 교회 안에 디자인을 도입하느냐, 디자인을 차단시키느냐의 문제는 교회의 결단이 요구되는 작업임에 틀림없다. 이 작업은 약간의 관심으로 이루어지는 일이 아니라 교회의 복음전도 방법으로 디자인을 도입할 것인지 그렇게 하지 않을 것인지의 중요한 결단으로 비롯되는 일이다.

교회 디자인을 천주교나 불교에서처럼 형식적이거나 외형에 치우치는 개념으로 언급하는 것이 아니다. 복음을 알리고 소개하여 교회생활에서 전체적인 문화의 균형을 이루어 가는 통로로서 디자인이 감당할 수 있는 기능과 역할을 좀더 구체화 해보자는 제안을 하는 것이다.

앞으로 교회가 디자인 문화 운동을 위해서 결단하고자 한다면 그 뒤에는 그에 합당한 지속적인 관심과 노력이 필요하다.

지금까지 교회가 새로운 문화를 받아들이는 속도는 항상 세상보다 늦었다. 어쩌면 당연할 수 있다고 생각한다. 오히려 검증된 문화를 좀더 검토한 후에 교회의 상황에 적합하게 재구성하는 것도 지혜로운 방법이 될 것이다.

그러나 교회에서 디자인이 발전되기 위해서는 교회를 지도하고 이끌어 가는 목사님의 결단이 필요하다. 이러한 디자인 문화 수용의 결단은 평소의 관심 뿐만이 아니라 자연스럽게 디자인을 즐기는 생활 속의 자세로 인해 가능하다고 본다. 사실 목사님들이 휴대폰을 각자의 개성에 맞게 구입해서 사용하는 것이라든지 넥타이나 자동차의 색상을 기호에 맞게 선택하는 것처럼 우리 모두는 항상 디자인을 즐기고 있다. 교회 안에서 디자인이 필요하다는 것 역시 이러한 디자인 행위의 연장선상에서 요구되어지는 자연스러운 흐름이라고 생각한다. 교회를 위한 디자인이 불필요하다면 지금의 교회건축 역시 불필요할 것이며 교회에 오는 성도들도 중세의 수도사들처럼 똑같이 경건한 복장으로 와야 하지 않을까 생각해 본다. 또한 경건해야 할 성도들이 고급 승용차를 타고 교회에 오는 것도 이상하게 볼 수 있지 않을까?

교회의 뒤쳐진 디자인 문화를 끌어올리려는 노력은 더 이상 이런 이원론적인 사고의 틀 안에서는 발전하기가 힘들다. 일전에 어떤 세미나에서 강의하시는 목사님이 이런 말씀을 하셨다. 이제 목사님들도 신세대의 생각을 읽고 N세대를 이해하기 위해 강남 한복판에서 그들이 즐기는 문화나 최신 유행하는 패션, 인기 있는 책들을 경험해 보아야 한다는 내용이었다. 개인적으로는 디자인의 흐름을 민감하게 느끼고 보기 위해서 이곳을 자주 방문한다. 강남의 대형서점에서는 전세계 수많은 사람들의 감각을 잡지와 단행본을 통해서 볼 수 있다. 목사님들께도 가끔씩 문화의 거리로 외출해 볼 것을 권해 드리고 싶다. "지피지기면 백전불패"라고 했듯이 세상 디자인 문화를 보아야 오늘의 교회 디자인 문화에 대한 시급한 처방을 조금이라도 앞당길 수 있다고 생각한다. CNN 헤드라인 뉴스의 자막을 주의 깊게 본다면, 세계 최고 수준의 영상 디자인을 안방에서 감상할 수 있을 것이다. 이렇듯 조금만 관심을 가지고 보면 디자인이 생활 속 곳곳에 스며들어 있음을 발견할 수 있다. 새천년에는 목사님들도 생활 속의 디자인과 더욱 친해지시기를 바란다.

　좋은 디자인이 좋은 목회의 파트너 역할을 할 수도 있다.

따라하기에 급급한 기독교 디자인

언제부터인가 기독교 일간 신문에 기독교출판사인 규장문화사의 광고가 새롭게 실리는 것을 보았다. 근래 기독교출판계에서는 보기 드문 탁월한 광고 디자인이었다. 또한 그동안 구태의연하게 보아왔던 광고의 레이아웃에서 탈피한 과감한 표현과 사람의 마음속에 잠재해 있는 생각을 끌어내 주는 광고 문안은 탁월했다. 이 광고를 접하는 순간 우리 교회 디자인 수준도 한 단계 올라갈 수 있으리라고 생각하게 되었다.

얼핏보면 사람들은 광고에 대해서 무관심한 것처럼 보인다. 광고효과가 눈에 확연히 보이는 것도 아니다. 하지만 누구나 디자인의 질이 높고 낮음은 알 수 있으며 전문가의 손길인지, 비전문가의 손길인지 정도는 구별할 수 있다. 이것이 광고가 가지는 긍정적 기능일 것이다. 사람들의 문화에 대한 안목을 높여주는 역할을 광고가 해주기 때문이다. 그동안 기독교라는 이름으로 실려지는 광고들에서는 전문가의 손길로 만져진 광고를 보기가 하늘의 별따기같았다. 판에 박은 듯이 똑같은 기독교 광고는 언제부터인가 사람들의 관심을 끌어내기에 너무나도 부족한 것이 되어버렸다. 전문가들의 손길로 만들어진 광고조차 "그저 세련된 광고군" 하는 정도의 느낌으로 지나치는 것에 익숙해져 있는 현실을 보며 왜 기독교 문화 전반에 디자인의 창의성이 무관심으로 일관되고 있는지를 고민해 본다.

이렇게 몇 날 며칠에 걸쳐 기획회의와 디자인을 거쳐서 나온 광고는 사실 수고의 결정체이다. 그런데 언제부터인가 이 출판사 광고와 흡사한 아류의 광고들이 똑같은 크기와 비슷한 레이아웃으로 실리고 있는 것을 보게 되었다. 순간 너무도 비슷하게 모방하고 있는 광고들을 보며 놀라움을 금치 못했다. 그 비슷한 광고를 모방하듯 만들어낸 출판사도 국내 대표적인 기독교 출판사라는 사실에 더 인타까움을 느끼게 되었다. 남이 힘들어 수고한 디자인을 짧은 시간 안에 비슷하게 만들어서 따라 하기만 한다면 어떻게 기독교디자인이 발전되겠는가? 혹자는 "다 주님 위하자고 하는 일인데 서로서로 공유하고 나누어주는 것이 뭐 그렇게 잘못되었는가?"라고 말할지 모르지만 "그렇다면 기독교 출판사는 하나면 되지 않겠는가?" 라는 반문을 하게 된다. 어차피 문서선교라는 명분을 내걸지만 그렇다고 책값을 무료로 하는 것도 아니지 않는가? 돈을 정당하게 주고받는 상품에는 그만한 대가를 지불해야 한다. 수고하지도 않고 남이 공들여 놓은 것을 이용하는 것은 창의적인 작업을 하는 사람을 포함한 모든 이들이 한 번쯤 생각해 보아야 할 일이다.

특히 이런 지적 소유권을 복사하는 문화는 우리나라 전체의 문제이기도 하다. 좀 구태의연한 표현일지 몰라도 우리 크리스천들이 앞장서서 이 부분을 개선하고 나가야 한다. 원래 이 세상에 하나님께서 하신 창조 사역과 비교할 만한 진정한 창조는 존재하지 않는다고 말할 수 있지만 인간이 하나님으로부터 부여받은 오감을 이용하여 창의적으로 작업할 수는 있다고 생각한다. 복사 문화가 더욱 큰 병폐인 것은 이러한 창의적 사고를 점점 무디게 하기 때문이다. 우리나라에서 만들어지는 자동차들을 한번 유심히 살펴보면 오래 전 외국에서 이미 사용되었던 디자인을 상당 부분 차용하고 있는 것을 볼 수 있다. 디자인 경쟁력에서 그만큼 뒤지는 결과가 되고 마는 것이다. 우리 기독교 디자인문화도 따라하기에 급급한 상황에서 벗어나 자기의 칼라를 가지는 고유한 컨셉 설정에 시간과 정열을 쏟아야 한다.

일전에 한 기독교 팬시 전문회사의 팀장을 만난 적이 있는데 다른 기독교용품 회사에서 아무런 사전 양해 없이 자기 회사의 디자인을 도용하는 것을 여러 차례 발견했다는 것이다. 참다못해 그 회사 대표를 만나서 문제를 이야기했더니 "미안하다"라고 대답했다는 것이다. 그 이야기를 들으며 "정말 창의적인 디자인 작업을 통해 제품을 만들 자신이 없으면 미안합니다만 그런 사업을 하지 말아 주십시오" 하고 부탁하고 싶은 생각이 들었다. 디자인 철학도 없이 이런 회사를 운영하는 것은 내용(Contents)도 없이 "팬시하면 돈 많이 번다더라"는 얄팍한 장삿속의 한계를 단적으로 보여주는 것이라 여겨진다. 남의 것을 보고 베낀 디자인 상품을 주일학교에서 선물로 받는 아이들에게 진실한 디자인의 가치가 전달될지 의문이다. 교회 주일학교 교장 선생님은 아이들의 꿈을 담은 건강하고 아름다운 디자인 용품을 선택해서 나누어 주도록 주일학교 선생님들에게 당부해 주기를 부탁드린다.

기독교 문화상품을 만드는 분들에게 이렇게 말하고 싶다. "따라하지 맙시다", "단지 하나님의 창조적 능력을 따라 합시다". 그리고 창조적인 작업의 열매를 맺기까지 땀 흘린 수고와 대가는 기꺼이 지불되어야 한다고 본다. 어떤 디자인이 창의적인 디자인인지는 베끼는 디자인이 늘어날수록 더욱 구별된다는 사실을 기억해야 한다. 이제 기독교 디자인이 개성있고 수준있는 제품을 만들어 가는 변화의 대열에 합류하기를 바라는 마음 간절하다.

이익 환원에 인색한 기독교 백화점과
구매에 인색한 기독교 소비 문화

.

지 금 기업들은 "고객은 왕이다"라는 전제를 뛰어넘어서 "고객은 전제군주다"라고 할 정도로 고객을 유치하기 위해 촉각을 곤두세우고 있다. 최근에는 모든 제품 디자인에도 감성공학을 도입시켜서 고객에게 최고의 가치를 주고자 애쓰고 있다. 이제 고객의 감성을 제대로 이해하지 못하는 기업은 그만큼 경쟁력이 떨어질 수밖에 없을 것이다. 그리고 고객으로 인하여 거두어들인 이익은 사회에 환원하는 것이 건강한 기업철학으로 이해되고 있다.

이런 철학이 비단 대기업뿐만 아니라 크리스천들을 대상으로 사업하는 대형 기독교서점에서도 이루어져야 한다고 생각한다. 지금도 대형 기독교서점들을 방문해보면 십수 년 전의 실내 장식에 별다른 변화가 없는 것을 볼 수 있는데, 이것은 지금까지 이곳을 드나들면서 수많은 책을 구입해준 많은 고객들에 대한 배려가 얼마나 인색했는지를 단적으로 드러내는 것이라 생각한다. 몇십 년 전의 향수를 느끼게 하는 매장의 실내 디자인을 두고 기독교적이라고 말하는 것은 너무 궁색하지 않은가. 세상은 급속도로 변화하고 있다.

문서선교를 통해 그리스도를 알리는 일이라면 더욱 더 선교적 관점에서 재투자가 이루어져야 하며 고객을 위한 배려가 구체화되어야 한다. 이제 '기독교적인 느낌'이라는 것과 인색한 것은 구별되어야 한다. 또한 무조건 전통적이고 고전적인 것이 신뢰할 만한 것이라고 받아들여지는 분위기도 변화되어야 한다.

또한 크리스천들도 이러한 NGO의 역할을 적극적으로 감당해야 한다. 예를 들어 불편사항을 정중하게 글로 제안하는 것도 하나의 방법이 될 수 있는데, 이와같이 적극적인 참여로 서로가 건강한 의사소통을 해야 할 것이다. 이제 기독교 전문매장은 좀 더 많은 크리스천들이 모여들 수 있는 문화공간으로 탈바꿈해야 히며, 서비스 편의를 제공해 주이야 한다. 기독교시장의 규모가 작은 것이 기독교 업체의 개선에 문제가 되는 것은 "닭이 먼저냐 계란이 먼저냐"의 문제이지만 분명한 것은 누군가는 먼저 앞서 가 주어야 한다는 것이다.

크리스천들도 기독교 전문매장에 방문하여 책을 구입하는 풍토를 만들어야 할 것이다. 지금도 강남 한복판에서 한 잔에 몇천 원 짜리 커피는 자연스레 마시면서 비슷한 값의 기독교관련 양서를 한 권 사는 데는 너무나 진지한 분들이 있다. 교회 디자인 문화가 발전될 수 있도록 열심히 소비해 줄 것을 부탁하고 싶다. 기독교 문화 소비의 주체는 바로 크리스천이다. 적극적인 문화소비로 새로운 시장이 조성되어야 한다. 기독교상품 전문매장에 걸려 있는 멋있는 디자인의 포스터나 배너를 통해서 자라나는 N세대 크리스천들에게 꿈과 비전을 줄 수 있지 않겠는가?

앞서가는 디자인이나 디자인 문화는 앞서가는 열린 환경에서 자연스럽게 잉태되어지는 것이다. 눈으로 보고 듣는 것이 많을수록 앞서가는 크리스천 디자이너들이 더욱 많이 생겨날 수 있다. 기독교 매장이 이런 크리스천 디자인 문화의 열린 공간으로서 역할을 해주면 얼마나 좋을까 하고 생각한다. 그리하여 교회가 디자인을 통한 좋은 자극을 경험할 수 있도록 이곳에서 동기를 제공해 주어야 한다고 믿는다.

골리앗 장로님의 옹고집

우리 나라에서 차세대 젊은 건축가로 인정받고 있는 경희대 이은석 교수와 함께 울산에 있는 교회에서 교회당 내부의 리노베이션을 위해 준비 작업을 했던 적이 있었다. 리노베이션은 유럽에서는 건물을 새로 짓는 일보다도 더 빈번하게 이루어지고 있는 새로운 건축개념으로, 기존의 건물을 무너트리지 않고 새롭게 재단장하는 것이다.

그 교회는 전형적인 한국 교회의 건축형태로 지어져 공간 활용이 아주 비효율적이었다. 성도들이 좀더 풍성한 교회 생활을 누릴 수 있도록 기존의 공간을 수정하여 기능적으로 바꾸어 가겠다는 희망을 머리 속에 그리면서 1개월 여 동안 준비한 프리젠테이션 안을 가지고 벅찬 마음으로 다시 그 교회를 방문했다. 그런데 프리젠테이션 시간은 다 되었는데 프리젠테이션에 참여할 중요한 분들이 아무도 나타나지 않는 것이었다. 결국 준비한 리노베이션에 대한 계획안을 제대로 프리젠테이션 할 수 없게 되었다. 나중에 알게 된 내용인즉 교회 건축위원장이신 장로님 한 분이 사전에 통보받지 못했다는 이유와 지방 인재의 참여로 진행되지 않는다는 이유로 프리젠테이션을 반대하셨다는 것이다.

그동안의 수고가 한순간에 헛수고로 전락되는 것을 느끼면서 장로님 한 분이 교회의 수많은 성도들이 생활하는 공간을 위해 교회를 새로운 개념으로 바꾸는 과정을 마음대로 좌지우지할 수 있다는 현실이 놀라울 따름이었다. 그 교회 목사님은 인품이 너무도 온화한 분이셨는데 그 장로님에 대하여 불평 한마디 하지 않으셨다. 그런 모습에 오히려 준비해 간 사람들이 면구스런 마음이 들었다.

돌아오는 비행기 안에서 한국 교회의 교회 안에서의 생활 공간에 대한 이해 수준에 대하여 많이 생각하게 되었다. 이 땅에 다시는 고집 센 장로님들이 교회의 문화에 관해 부당한 힘을 행사하는 일이 없기를 간절히 기도하였다.

서울에 돌아온 후 또 다른 일들이 시작됐지만 새로운 디자인 작업 안으로 몰입해 들어가기까지 그 일은 가끔씩 기억 속에 떠오르곤 했다. 앞으로 이런 일이 반복되지 않기 위해 의식 있는 성도들의 숫자가 늘어나기를 바라며 그들의 목소리가 교회를 더욱 민주적이며 건강하게 만들어 가는 견인차 역할을 하게 되기를 기대한다. 어떤 한 사람이 절대적인 힘을 행사하지 못하도록 지켜야 한다. 교회 공간의 불편함은 성도 전체의 불편함이기 때문이다. 지금까지는 그런 불편함을 감수하는 것이 믿음 있는 행동으로 여겨져 왔다. 하지만 꾹 참는 것이 오래되면 방관으로 이어짐을 기억해야 할 것이다. 대부분의 교회 일은 방관하는 사람들로 인한 무관심 속에서 몇몇 힘있는 분들이 마음대로 하고 마는 것이 현실이다. 반면에 건강한 교회는 건강한 목소리의 제안과 수용에서 더욱 빛나게 발전하리라 믿는다.

그 교회로부터 터무니없이 부당한 대우를 받았던 이은석 교수는 얼마 전 천년의 문을 상징하는 건축설계공모에서 기라성 같은 건축가들을 뒤로하고 당당히 대상에 선정이 되었다. 이교수는 교회 건축에도 많은 관심을 가지고 있는데 교회가 이런 귀한 인재에게 기회를 많이 제공하지 못하는 것에 대한 아쉬움이 늘 있었다. 이번 작품의 당선소식이 매스컴에서 발표된 후 수백 통의 격려전화가 빗발쳤다는 것을 나중에 알게 되었는데 그동안 그 탁월한 능력을 대수롭지 않게 생각해오던 교회에서도 상당히 많은 전화가 걸려왔다는 소식에 여러 가지를 생각하게 됐다. 교회 안에 탁월한 인재를 알아보는 혜안을 기르는 일이 시급하며 이를 통해 교회의 문화 개선에 중요한 부분을 감당할 수 있다고 생각한다.

많은 수고 가운데서 만들어지는
교회의 디자인

얼마 전 사랑의교회의 CI개발에 참여한 적이 있었다. 그때 디자인 자문위원장을 맡으신 교수님이 교회의 심벌에 표현될 컨셉을 결정하기까지 수주간에 걸쳐서 서로의 의견을 교환하고 다듬어 가는 과정을 통해 서로 다른 의견을 풀어 가는 방법이 인상적이었다. 이런 작업이 이루어지는 과정에서 서로를 알아 가는 유익한 경험을 통하여 공동체의 소속감을 확인하고 더 중요한 것을 얻을 수 있다. 이러한 공동체적인 다수의 관심이 교회의 시각 이미지를 더욱 건강하게 만들어 주는 요인이 된다. 교회의 심벌은 혼자서 만들어 낼 수 있는 것이 아니며 여러 사람들의 의견을 통해 새로운 개념을 이끌어 내며 완성하게 되는 것이다. 물론 상대방의 의견을 저지하기 위한 의도에서만 제안을 하면 곤란하겠다.

세계적인 오디오 브랜드 중에 일본의 켄우드라는 회사가 있다. 켄우드는 회사가 위기에 처해 있을 당시 새로운 디자인을 도입하여 회사의 이미지를 향상시켰고 재기에 성공하였다. 한때 일본의 젊은이들에게는 현대적인 감각의 켄우드 스티커를 자신의 자동차에 붙이고 다니는 일이 유행이 된 적이 있었는데 이로인해 자연스럽게 광고가 되고 판매가 급격하게 신장되는 효과를 보았다. 이는 디자인이나 이미지가 사람을 움직이는데 얼마나 큰 힘이 되는가에 대한 하나의 증거라고 할 수 있다. 우리가 다니고

교회버스에 적용된 사랑의교회 심벌마크

있는 교회 중에서도 나름대로 이미지가 좋은 교회가 많이 있다. 이미지가 좋은 교회는 대부분 교회의 디자인에 세심한 신경을 쓰고 있는데 이러한 배려가 교회의 대외적인 인상에 기여하는 바는 매우 크다.

인터넷에서 윌로우크릭 교회나 새들백 교회를 들어가 보면 초기화면부터 사람의 마음을 움직이는 디자인이 가득하고 정보를 손쉽게 공유할 수 있도록 인터페이스가 세심하게 제작되어 있다.

좋은 디자인으로 보여지는 순간까지 많은 사람들이 함께 고민하고 수고하였기 때문에 수준 높은 디자인이 완성되는 것이다.

3장

이젠 교회도 디자인이 필요하다

아름다운 생각의 결과가
만들어 내는 디자인

필자가 존경하는 강준민 목사님의 글 중에서 생각이 인생에서 가장 중요하며 생각이 모든 것을 결정한다는 내용이 있다. 미움을 생각하면 미움이 나오고 사랑을 생각하면 사랑이 나오고 질투를 생각하면 질투가 나오고 용서를 생각하면 용서가 나온다는 말은 단순해 보이지만 진리가 담겨 있는 말이라는 것을 알 수 있다.

우리가 무엇을 생각하느냐에 따라서 우리 인생의 색깔이 달라지는 것 같다. 우리에게 교회와 디자인의 관계가 익숙하지 않은 것은 그만큼 우리가 교회를 위한 디자인의 가치와 존재에 대해 깊이 생각하지 않은 결과라고 본다. 지금까지 어둡고 무거운 색만 보아오고 생각해 온 사람들은 밝고 화려한 색을 쉽게 수용하지 못한다. 이것 또한 우리의 머릿속에 중후한 색상이 교회에 어울린다는 고정관념이 있기 때문이라고 본다. 그래서 우리 주변의 교회들을 둘러보면 밝고 건강한 색을 생활 속에서 마음껏 즐기는 경우가 드문 것 같다.

이제 교회도 디자인에 대해서 생각해 보아야 할 때가 왔다.

디자이너도 디자인을 통해서 교회 안에 어떤 기여를 할 수 있을지 생각해 보아야 할 때이다. 생각의 씨앗을 뿌려 두어야 빠르게는 몇 년 안에 길게는 10~20년 안에 열매를 거둘 수 있을 것이라고 생각한다. 생활 속에서도 디자인에 대해 많이 생각하여 교회 안에서도 그 필요성이 보편적으로 받아들여져야 할 것이다.

목동 지구촌교회 유년부 공간에 적용된 디자인

우리가 교회 안에서 디자인을 통한 풍요로움을 생각할 때 자라나는 세대들이 그 혜택을 누리게 될 것이다. 교회 안에 디자인이 왜 필요하냐는 생각이 퍼져 있다면 교회 디자인은 뿌리내릴 수 없을 것이고 그만큼 개선해 나가는 데 더 많은 시간이 걸리게 된다. 교회에 나올 때 어떤 옷을 입을지 자연스럽게 생각하듯이 교회 안에 디자인이 있으면 좀더 풍성해질 수 있음을 생각해야 할 것이다. 전반적으로 교회 디자인이 미비한 것은 디자인에 대한 무관심이 만들어낸 당연한 결과이다.

반면에 디자인이 교회 안에서 건강하게 발전되면 좋으리라는 생각을 하고 계신 분들도 종종 있다. 그런 생각을 지속적으로 유지하고 끊임없이 확인해야만 뿌리를 내리고 열매가 열린다고 본다.

영감 있는 교회 디자인

영어에 Inspiration이란 단어가 있다. 교회 디자인이 일반 디자인과 차이가 있다면 이 부분일 것이다. 하나님께서 주시는 성령의 감동으로 영감 있는 디자인이 되어야 하는 것이 교회 디자인이라고 생각한다.

최근에 미국에서 디자인을 공부하시고 신학을 하신 목사님 한 분을 뵌 적이 있는데 그분은 "Inspiration Art & design"은 영감 있는 예배에도 큰 영향을 미친다고 말씀하셨다. 상당히 공감이 가는 말씀이었다. 예배가 하나님께 최선의 것으로 드려지는 신령한 축제라면 모든 영역에서 최고의 것이 드려져야 한다고 생각한다. 교회에서 예배를 드리다보면 가끔 스피커에서 잡음소리가 나서 예배의 분위기를 방해하는 것을 볼 수 있는데 교회의 음향도 영감 있는 예배에 있어서 아주 중요한 요소라고 생각한다. 한국 교회에서 현재 개선되고 전문화되어야 할 분야 중에 교회 음향이 포함되어야 한다는 말씀을 많은 목사님들께 들은적이 있다.

지금 미국에는 목사님이 설교하실 때 설교를 돕기 위해 200

컷의 영상을 상영하는 교회도 있다고 한다. 예배를 위한 영상의 비중은 점차 확대되어 가고 있다. 그런데 이 영상이 전문화되지 못하고 최적의 상태를 제공하지 못하면 이 또한 예배의 걸림돌이 될 수 있다. 예를 들어서 화면이 나오다가 끊어지고 실수가 생기는 것을 가정해 보라. 이때 예배는 방해받을 수밖에 없을 것이다.

영감 있는 디자인 또한 중요한 요소이다. 큰 행사 때마다 교회 본당 안에 걸려 있는 현수막을 생각해 보면, 절제되지 않고 정리되지 않은 디자인의 현수막이 예배에 시각적인 방해를 줄 수 있다는 것을 알 것이다. 간단하게 생각해 온 현수막 하나라도 영감 있는 예배를 도와줄 수 있음을 고려해야 한다. 이제 교회 안에서 촌스러운 디자인과 영감 있는 디자인은 구별되어야 한다. 영감 있는 디자인은 최선을 다하는 디자인이며 사람들에게 감동을 줄 수 있는 디자인이어야 한다고 생각한다. 멋있는 양복을 걸치고 고무신을 신고 있는 사람의 모습을 볼 때 그 사람이 제대로 옷을 입고 있다고 생각하는 사람은 없을 것이다. 영감 있는 교회 디자인은 균형 있으며 체계적이며 아름답다.

하나님께서 창조하신 피조 세계를 돌아볼 때 대충 디자인하신 것이 있는가? 영감 있는 디자인은 완전하신 하나님의 창조적 능력을 닮아가는 데서부터 시작되는 것이다.

화장실을 새로운 메시지 공간으로

고속도로로 장거리 여행을 하다보면 휴게실에서 잠시 휴식을 취할 때가 있다. 많은 사람들이 경험했듯이 잠깐의 휴식은 피로를 풀어준다. 요즈음 고속도로 휴게소의 화장실 문화가 많이 바뀌어 가고 있음을 느낄 수 있다. 화장실 안을 화랑에 온 것처럼 신선하게 꾸며 놓은 것이다. 편안한 그림이나 잔잔한 감동을 주는 글들이 액자로 만들어져 걸려 있는데 이런 시도는 소홀히 하기 쉬운 화장실 문화를 새롭게 디자인한 좋은 사례라고 할 수 있다.

언젠가 한 병원에 간 적이 있었는데 그 때 화장실 벽에 붙어 있는 격언을 읽는 순간 너무나도 큰 감동을 받았다. 그 글귀는 아직도 내게 많은 생각을 하게 하는데 화장실에서 이런 귀중한 보석을 발견할 수도 있다는 사실에 감사하는 마음이 생겼다.

어느 교회든 화장실 없는 교회는 없다. 교회 화장실은 많은 사람들이 애용하는 공간이며 어쩌면 자신만의 고요한 공간일 수도 있다. 지금도 교회에 가보면 옛날부터 해오던 방식으로 성경구절을 쓰거나 프린트해서 벽면에 붙여두는 경우가 많이 있다. 가능한 한 이런 경우에도 공간을 이용하는 사람들을 위해서 좀더 편안한 그림액자나 그림이나 장식을 곁들인 말씀 등을 붙여 놓을 필요가 있는 것 같다. 사람을 살리는 힘이 성경말씀 한 구절 안에도 얼마든지 있지 않겠는가? 또는 작은 예화 한 소절은 깊은 감동

화장실 벽에 부착된 간결한 메시지

으로 다가올 수 있다고 생각한다.

지금 사람들은 작고 소중한 감동거리에 목말라 하고 있다. 이제 교회 화장실은 단지 화장실으로서의 기능에 머무르지 않고 새로운 공간으로 태어날 수 있다. 따라서 새로운 비주얼 메시지 공간으로의 기능을 충실하게 할 수 있어야 한다. 수없이 드나드는 사람들의 마음속에 하나님의 말씀이나 격언, 마음을 움직이는 짧은 글을 전달하는 것도 좋고 혹은 작고 귀여운 화분으로 장식해 대화하는 공간으로 꾸며보는 것도 좋을 것이다. 기억할 것은 모든 정보는 새로움이 생명이므로 한 달에 한 번 정도는 새로운 글로 바꾸어 줌으로써 사람들에게 지속적인 기대와 흥미를 부여해 주어야 한다는 것이다.

화장실은 이제 문화 공간이다. 인류의 역사는 항상 짜투리 공간에서 한 영혼의 변화를 통하여 이루어져 왔음을 기억하면 좋겠다. 교회 안 짜투리 공간일지라도 일대일의 만남이 이루어지는 공간은 조금만 관심을 가지고 찾아보면 얼마든지 있다. 화장실, 복도, 엘리베이터, 기도실 등등.

고통 중에 승화되어 가는 디자인

적지 않은 사람들이 디자이너라는 직업을 멋있게 보고 폼나는 직업으로 이해하는 경향이 있다. 사실 화려하고 멋진 패션쇼의 끝 부분에서 모델들 손을 붙잡고 함께 걸어나오는 패션디자이너를 보면 정말 멋있어 보인다. 그런데 내가 지금껏 해온 디자인 작업은 그런 화려함보다는 고통을 수반한 경우가 대부분이었다.

필자에게는 다훈이라는 열세 살 된 아들이 있는데 다훈이가 네살 때 자폐증을 앓고 있음을 발견하게 되었다. 자신의 세계 속에 철저히 갇혀서 사는 아이, 모든 것을 뒤집어서 생각하고 엉뚱한 행동을 하며, 하루종일 같이 있어도 거의 말이 없는 아이, 똑같은 행동을 몇 시간이고 반복해서 하는 아이, 이런 아이들이 자폐아이며 다훈이도 예외가 아니다.

이런 아이를 아내에게 맡겨두고 디자인 사무실을 운영하는 것 자체가 큰 부담이며 고통스런 시간이었다. 아무리 가까이 다가가려 해도 자신만의 세계 안에서 좀처럼 뛰쳐나오지 않는 모습을 보면서 내 자신이 아무것도 할 수 없다는 철저한 무력감을 자주 느끼곤 했다. 그래서 며칠 동안 생각에 사로잡혀서 번민하던 때도 많이 있었다.

하지만 하나님께서 이런 고통 가운데 영감 있는 디자인을 하도록 인도하시는 경험을 자주 가지게 되었다. 고통이 오히려 유익한 조건으로 이해되도록 깊이 묵상하는 훈련을 하게 하셨다. 인간적으로 보면 풍요로운 환경과 지극히 만족스러운 여건 속에서 멋진 디자인이 나올 것 같았는데 하나님께서는 오히려 고통을 통하여 디자인을 승화시키는 감격을 허락하신 것이다. 그래서 필자의 모든 디자인은 고통과 눈물의 결과임을 고백하게 된다. 지금도 디자인에는 아들 다훈이가 중요한 동기를 제공할 때가 많다.

그래서 이런 조건을 허락하신 하나님의 귀한 섭리를 오히려 디자인으로 찬양하게 된다. 그분의 생을 향하신 계획하심과 섭리하심은 놀라운 기적 그 자체이다.

혹시 다훈이보다 장애를 덜 가진 아이를 키우며 더 나은 감사의 조건이 허락된 디자이너가 있다면 그것을 감사의 제목으로 하나님께 드리면서 좀더 전적으로 하나님의 이름을 높일 수 있으리라고 생각한다.

또한 젊고 재능 있는 분들이 그 귀한 시간을 디자인으로써 하나님께 드리는 훈련을 신실하게 감당한다면 교회 디자인은 더욱 많이 발전할 것이다.

영성이 있는 디자인

영성이 뒷받침 된 가운데서 나오는 디자인이라면 진리 안에서 자유하는 디자인으로 승화 될 수 있다고 생각한다. 그동안 우리는 교회 안에서 수도 없이 많은 메시지를 들어오면서 뇌리에 깊이 각인 되는 내용은 상대적으로 적은 것을 자주 경험해 왔다. 그것은 시각정보가 가지는 중요성이 외면된 가운데 대부분 글로된 정보에만 의존해왔기 때문이라 생각된다.

아직도 서점에 나와있는 책들을 보면 이 시대 젊은이들의 사고구조를 외면한 내용의 책들이 상당히 많다. 솔직히 사전같이 두꺼운 책을 착실하게 일주일에 몇 권씩 읽을 사람이 몇 명이나 되겠는가? 특히 좋은 내용을 담고 있지만 방대한 양으로 독자들을 압도하는 기독교 관련 서적들 중에서 지루한 편집으로 인해 적지 않은 분량의 내용이 소홀히 취급당하는 경우를 얼마나 빈번하게 경험하는가?

흔히 하는 말로 가진 지식이 방대하다고 해서 메시지로 다 전달되는 것이 아니듯이, 깊은 영성을 담아 이 시대에 필요한 시각요소를 동원해 표현하는 것이 양질의 정보로서 가치를 발휘하는 글이라 생각된다. 대체로 위대한 글들이 우리의 필요를 정확하게 일깨워 주듯이 우리 시대의 메시지는 시대적인 기호 언어를 고려해야 할 필요가 있다고 생각한다. 구약성서에 나오는 놋뱀과 구리뱀 사건은 바로 시각적인 상징이 가져다주는 힘이 막대함을 보여주는 사건이라 할 수 있다.

영성 있는 글만 생각하다 보면 그 글을 뒷받침 해주고 보다 명확하게 알려야 한다는 과제와 맞닥뜨리게 된다. 좋은 것은 묻어 두어도 겉으로 드러나는 법이라고 말하기에는 시대가 다양성을 너무나 강조하고 있음을 느낀다. 좋은 것은 적극적으로 드러내야 한다. 그것도 건강하게 표출해야 한다. 좋은 글도 묻어 두지 말고 적극적으로 드러내야 한다. 또한 좋은 글은 책으로만 만들어져야 한다는 것도 고정관념인데 귀중한 내용의 글이 책 안에만 머물러 있기에는 세상이 너무 빠르게 변하고 있다. CD ROM으로도 만들어야 하고 인터넷에다 올려서 모든 사람들이 볼 수 있도록 해야 한다.

일전에 기독교 출판계에 종사하시는 분들의 말씀을 들었는데 "우리 나라 기독교 출판계에서는 베스트셀러개념이 2만 부 정도이며 그것만 팔려도 굉장히 많이 팔린 것이다"라고 하셨다. 기독교계에서 밀리언셀러는 10만 부 정도 팔리는 것을 말한다는 것은 이미 공

성경의 인물을 주제로 만들어진 어린이용 CD ROM

공연한 사실이다. 한국에 크리스천 숫자가 일천 만을 헤아린다고 한다면 너무나도 책을 읽어주지 않는다는 결론이 아닌가. 전체 크리스천의 10분의 일이라도 책에 관심을 가져준다면 베스트셀러가 더 많이 나올 것이다.

또한 크리스천들이 책이나 새로운 미디어를 통해 하나님의 말씀과 복음의 진수를 영감 있는 글로 표현하여 많은 사람들에게 전달할 때 영감 있는 디자인이 반드시 더해져야 한다고 생각한다. 보기 좋은 음식이 먹기도 좋듯이 귀한 글일수록 깊은 영감의 디자인과 합쳐져야 한다. 사람의 마음속에 있는 생각을 생명력 있는 글로 빚어내는 재능이나 사람의 본능 가운데 있는 미적인 부분을 밖으로 드러내는 디자인 기술은 분명 공통적인 요소가 많이 있다. 둘 다 깊은 영성이 내재되어 있을 때 많은 사람들에게 감동을 끼칠 수 있을 것이다. 영성 있는 디자인은 크리스천 디자이너들이 반드시 갖춰야 하는 것임은 아무리 강조해도 지나침이 없다.

교회 디자인을 전 세계로 수출하자

지구상에 기독교 인구가 엄청나다는 것은 모두가 잘 아는 사실이다. 미국만 하더라도 청교도 국가로서 나라 전체의 분위기에서 기독교적 색채가 강하게 풍겨나온다. 그래서 기독교 디자인이 모든 사람들의 생활 속에 자연스레 스며들어 있다고 한다. 미국에서 매해마다 열리는 CBA라는 기독교 출판미술 및 용품관련 전시회는 그 규모가 엄청난데, 이처럼 기독교 문화가 나라 전체 안에 유유히 흐르고 있는 환경이 부럽기만 하다.

이런 비전을 꿈꾸어 보는 건 어떨까? 전세계의 수많은 사람들에게 크리스천 디자인 상품을 우리 나라의 브랜드로 수출하게 되면 얼마나 좋을까. 이것은 충분

신앙에 도움을 주는 내용이 담긴 Gift book

히 가능한 일이다. 우리의 손재주는 이미 전세계적으로 인정받고 있다. 지금도 눈만 뜨면 수도 없이 쏟아져 나오는 비신앙적인 내용의 이미지나 디자인과 우리는 경쟁해 나가야 한다. 뉴에이지 문화나 반기독교적인 이미지들이 있음을 지적하는 것에 머물러 있을 수는 없다. 효과도 없을 뿐더러 우리 크리스천들은 계속 그 가운데 노출되고 있기 때문이다. 성경도 많이 수출해야 되겠지만 크리스천 디자인 문화 상품도 수출해야 한다.

사람은 밥만 먹고는 살 수 없기에 다양한 문화적 경험의 통로를 크리스천 디자인으로 열어 주어야 한다. 글자만 적혀 있는 성경이 대부분이지만 사진과 일러스트레이션이 포함된 성경도 얼마든지 있다. 하루에 적어도 한 번씩은 사용하게 되는 종이컵에도 복음을 실을 수 있다. 물론 세련된 디자인이 포함되어야 하는 것은 기본이겠지만 말이다.

디자인은 복음을 실어 나르는 데 정말 뛰어난 도구라고 할 수 있다. 이미 세상 문화는 디자인을 뛰어난 도구로 사용하는 데 너무나도 익숙해져있다. 평범한 이야기 같지만 성경 안에는 우리가 살아가는 모든 삶의 원리가 있으며 디자인에 대한 수없이 많은 아이디어가 담겨 있다.

지혜의 말씀인 잠언이 주는 교훈은 이 시대에도 여전히 유효하다. 시편은 우리 인생의 모습이 담겨 있는 위대한 서사시이다. 전도서는 우리가 진정 버려야 할 것들에 대해서 교훈을 주고 있다. 이보다 더 소중하고 함축적인 주제가 어디에 있겠는가? 이런 귀한 주제를 시각화하고 디자인하여야 한다. 그리고 전세계에 알려야 할 때이다.

비전을 소유한
크리스천 디자이너 양성을 위하여

지금도 조금만 관심을 가지면 디자인을 배울 수 있는 많은 교육기관들을 찾을 수 있다. 미래의 디자인을 예측함에 있어 디지털 디자인의 비중은 절대적이며, 컴퓨터를 도구로 사용하는 디자인은 이제 필수적으로 생각하는 추세이다. 앞으로는 누구도 컴퓨터를 도구로 사용하지 않고서는 디자인을 완성하기 어려운 시대가 열리고 있다. 이처럼 많은 장·단기 디자인 교육과정들이 있지만 기독교 정신을 가지고 디자인 교육을 시행하는 곳은 보기 드문 실정이다.

기능을 습득하는 것이 디지털 디자인에 있어서 기초적이고 중요한 요소가 되는 것은 사실이지만 그보다도 어떤 정신을 가지고 디자인을 해야 하는가를 먼저 생각하는 태도가 디자인 교육기관에 있어서 더욱 중요하다. 기능을 습득하는 것도 중요하지만 그것은 어떤 컨셉을 더욱 효과적으로 커뮤니케이션하는 데 부수적인 요건이 될 뿐이다. 기능이 디자인의 정신을 앞서갈 수는 없으며 그것은 감정이 없는 로보캅 같은 디자인을 만드는 데는 도움이 될 지 모르지만 생명이 느껴지고 영혼이 담겨있는 디자인을 창조하지는 못한다.

디자인에도 깊은 영성이 뿌리를 내려야 한다. 우리가 표현하는 것은 결국 밖으로 드러나는 내면의 생각이다. 밝은 생각으로 가득 차 있는 사람은 밝은 디자인이 건강하게 표출되며 어두운 생각이 지배하는 사람은 암울한 느낌의 디자인이 밖으로 드러나고 말 것이다.

하나님의 영감에 따라서 디자인하는 사람은 진정한 자유함을 성령 안에서 마음껏 누리면서 치유된 경험을 표현할 수 있다. 또한 자신이 경험해 온 좌절과 고난을 신앙 속에서 오히려 승리의 함성으로 승화시키는 영성을 경험하게 된다. 개인적으로 이렇게 디자인하는 디자이너들이 많이 배출되기를 간절히 바라고 있다. 자신에게 관대하며 남들 하는 만큼만 적당히 애쓰고 기본적인 기능만을 소유하고 있는 디자이너들은 세상에도 얼마든지 있지만 이런 디자이너들이 세상을 바꿀 수는 없다. 자신이 표현한 디자인에 최선을 다하면서 소신을 굽히지 않고 펼쳐나가는 디자이너가 새천년의 시대에는 참으로 필요하다.

자신이 표현하는 디자인에 확신을 가지고 있는 디자이너만큼 아름다운 모습은 없다. 이는 혼신의 힘을 기울인 흔적을 가진 사람이기 때문이다. 이것은 잘난 체하는 것과는 분명히 구별되는 것이다. 진작에 미적인 혁신이 일어났어야 함에도 불구하고 너무도 안일하며 다소 권위적인 분위기가 이어지는 교회 디자인의 현실을 바라보면서 가슴 아파할 수 있어야만 한다. 하나님의 교회에 디자인 문화를 건강하게 심어가야 할 사람이 누구일까? 그것은 부담을 느끼는 사람들의 몫인 것이다. 부담을 느끼지 않는 사람, 필요를 느끼지 않는 사람이 새로운 세계를 개척하는 것을 본 적이 있는가? 이 요청에 많은 크리스천 디자이너들이 답해야 할 때가 다가오고 있다.

　교회에 다니면서 어려운 이웃을 사랑하고 많이 가진 자가 섬기는 마음으로 이웃에게 자신의 소유를 기꺼이 나누어주자는 것이 어디 말 한 번으로 실천될 것 같은가? 기아에 허덕이는 세계의 어린이들에게 사랑을 나누자는 마음을 캐치프레이즈 한 구절로 얼마나 설득력 있게 보여주겠는가? 강아지도 주인에게 끝없이 보챌 때 주인이 그 배고픔을 해결해 주듯이 어려움에 처한 이웃에 대한 설득은 그들이 처한 상황을 시각매체를 통해 꾸준하게 제시함으로써 이루어져야만 한다.

　가장 효과적이고 설득력 있는 매체의 형식을 활용하면서 그들의 마음을 움직이도록 애써야 한다. 물론 기도도 많이 해야 하겠지만 사람의 마음을 진하게 움직이는 감동적인 시각 메시지를 적절하고도 강하게 보여주면서 그 마음을 열어가야 할 것이다. 이 일이 바로 크리스천 디자이너의 할 일이며 뿌리깊은 영성을 소유하고 무섭게 실천하는 이 시대 비주얼 메신저들의 역할인 것이다.

교회 디자인 기금을 마련하자

우리가 하나님 나라의 일을 실천함에 있어서 물질이 절대적인 문제가 되지는 않는다고 생각한다. 그보다도 중요한 것은 준비된 일꾼이다. 지금도 엄청난 재산을 교회 관련 단체나 의미 있는 일에 기부하고자 하는 나이드신 기탁자들이 많이 있는데 그분들 중에는 가치 있는 어떤 일에 결단해야 하는지 잘 몰라서 고민하고 있는 분들도 있다.

우리가 가난하게 살아오다가 잘 사는 나라의 대열에 합류한 것은 그리 오래된 일이 아니다. 더구나 흥청거리며 샴페인을 너무 일찍 터뜨렸다가 IMF철퇴를 맞고 난 후 선진국 대열에 합류하기까지 좀더 시간과 노력을 투자해야 할 상황이 되었다. 그래서 그런지 우리 나라에서는 주로 가난한 사람들 돕는 일이나 학교의 장학금, 교회에서의 선교기금 등 기금의 명분이 다들 너무 비슷하다. 얼마 전에는 잠시만 투자해도 원금의 몇 배에 해당하는 이익을 배당해 준다는 사탕발림에 넘어가서 회사에서 받은 퇴직금 등 자금을 투자했다가 하루 아침에 알거지가 된 사람들의 이야기가 신문의 사회면을 장식했다. 전재산을 주식에 투자했다가 날려서 자살한 사람, 회사 공금을 주식에 투자해서 멋진 한방을 기대하다가 모두 날린 사람, 고객이 맡긴 예치금을 들고 사라진 사람들, 자신에게 직접 이익이 돌아오지 않으면 절대로 투자하지 않는 사람들 등등 이런 사행심이 바탕에 깔린 투자는 앞으로도 얼마든지 그 사례를 더해 갈 것이다. 이렇듯 우리 사회는 무형의 가치에 투자하는 경우가 거의 없다. 물론 투자의 목적은 이윤이겠지만 평생 쓰고 남을 만큼의 여유가 있는 크리스천들이 있다면 교회 디자인 문화기금에 투자하라고 권하고 싶다.

새천년 문화의 시대로 깊이 들어가면 들어갈수록 웬만큼 먹고사는 문제가 해결된 사람들은 문화를 찾을 것이며 정보를 탐닉할 것이다. 이럴 때 기독교 세계관에 의거한 생명력 있는 문화의 송수관을 뚫어서 세상에다 급수한다면 얼마나 값진 일이 될까. 지금 준비되고 겸비된 전문가들은 얼마든지 있다. 그들에게 값진 물질을 공급해 주면 그 파급효과는 대단할 것이다. 공중권세 잡은 자들과 포스터모더니즘을 외치는 세력들에 항거하기 위하여 문화로 무장하고자 하는 사람들에게 최신의 병기들을 투자해 주시기를 부탁드린다. 영적 문화 전쟁의 승리에서 얻어질 수확은 원금의 두 배, 세 배가 아닌 삼십 배, 육십 배, 백배의 결실로 돌아올 것이다. 그리고 그 열매로 인한 영원한 상급은 하나님께로부터 선물로 받을 수 있다.

교회 디자인 사역은 아직도 교회에서조차 생소하게 취급되고 있지만 문화의 시대에 하나님께서는 디자인으로 하나님 나라를 새롭게 알리는 일을 원하고 계신다. 주님의 나라를 더욱 확장하고 바로 알려가야 할 이 때에 교회 디자인이라는 가치 있는 영역에 확신을 가지고 투자하며 헌신하는 사람들이 구름떼처럼 일어나야 한다.

새로운 것을 배워야 하는 크리스천

기독교 영상전문회사 조코재미의 오풍원 대표는 교회의 낙후된 영상문화를 새롭게 개척하고 개선해 나가기 위해서 몇 년 동안 수고하고 있다. 나는 그분의 스튜디오 근처에서 디자인 사무실을 하고 있었기에 그분이 어떤 열정으로 셀 수도 없는 수많은 밤을 뜬 눈으로 지새우면서 기독교 영상 발전을 위한 한길을 걸어 왔는지를 잘 알고 있다. 그분과 함께 교회의 디자인 문화에 대한 고민들을 나누면서 꿈을 꾸고 서로 격려하던 시간들은 지금도 잊을 수 없는 귀한 추억이다.

그분은 한때 잘나가던 영어학원 강사로서 물질적으로 큰 어려움 없이 지내왔다. 그러던 중 여동생이 먼저 하나님의 부르심을 받았는데 임종시에 무엇인가 하나님 나라를 위해 해야 할 일이 있지 않겠느냐는 동생의 유언에 깊은 깨달음을 얻고 미국으로 떠나 영상에 관한 공부를 하고 돌아왔다.

함께 많은 교제를 나누면서 늘 공감하던 것은 이 시대에 교회의 문화전반을 이끌어 나가기 위해서는 한사람 한사람이 너

깡치는 교회 디자인을 깨우라

무나도 귀하다는 사실이었다. 또한 그들이 전문가로 계속해서 양육되어질 때 우리 교회의 디자인이나 영상이 발전될 수 있으리라는 인식을 확인하게 되었다.

그래서 시작된 영상아카데미는 이제 많은 결실을 보게 되었고 이를 통해 배출된 많은 교회의 교역자, 평신도들이 영상을 통하여 복음을 효율적으로 알리는 일을 하고 있다. 또한 신앙생활에 도움을 주는 유익한 영상을 만드는 과정을 집중적으로 스터디하여 좋은 결과를 얻고 있다. 이처럼 자신이 관심 있는 영역을 새롭게 배워서 현장에 적용해 보려는 열심들이 모여 크고 작은 열매들을 맺는 것을 보며, 이 시대에는 문화를 매개체로 한 복음 전도의 제자들이 수없이 양성되어야 한다고 확신하게 되었다. 감각이나 직관은 길러주지만 결코 영성을 길러줄 수 없는 일반 교육이 가지는 그 절대적인 한계를 극복하고 기독교 영성에 기초하여 새로운 기술을 가르치고 제자로 세워간다면 10년 20년 후에는 놀라운 변화가 이 땅에 생겨나리라 소망하고 기대한다.

우리가 이 땅에서 문화적으로 세상을 압도하지 못하는 이유 중에 하나는 열심히 학습하고 실행하지 않았기 때문이라고 여겨진다. 가장 심각한 것은 우리가 신지식을 습득하고 철저히 배우지 않았는데도 이미 알고 있다라고 생각하는 경향이 있다는 것이다. 세속의 지식과 하나님의 지식에 대해 지나치게 흑백으로 구분 지으려는 경향도 하나님 나라의 문화에 도움을 끼치지 못한다.

이런 점에서 끊임없이 배우며 교회 안에서 실행하고자 애쓰는 아카데미 수료자들에게 큰 박수를 보내고 싶다. 크리스천들이 배우고 변화되면 남 주는 것이 아니라 하나님 나라에 드려지는 것이다. 그것도 잘 훈련되고 정제되어서 드려지면 큰 유익이 있을 것이다.

우리들은 지혜롭게 이 세상의 신기술과 지식을 습득해야 하며 그 배움을 통하여 끊임없이 부족한 자신을 기꺼이 들여다보고 다시금 준비해야 한다. 그리고 그 배움은 적극적으로 하나님께 드려져야 하며 하나님께서 주신 새로운 기회와 환경 안에서 더욱 발전되고 빛을 발해야 한다.

새로운 것을 경험하고 배우는 것은 그리스도의 진정한 제자다운 모습이라 생각된다. 지금도 끊임없이 새롭게 변해 가는 디자인, 영상, 인터넷 등 수많은 시각정보매체를 능숙하게 다루는 많은 크리스천들이 도처에서 생겨나야 한다. 이 일에 준비된 사람들과 물질이 드려져야 한다. 새로운 교육을 위해서는 분명히 많은 투자가 필요함을 함께 공감하기를 소망한다.

기독교 디자이너를 양성하자

요즘 기독교 문화인을 양성해야 한다는 목소리가 높아지고 있다. 그래서 문화 사역자를 양성하는 기관들도 많이 생겨나고 있다. 어떤 교회에서는 대중문화를 선도하는 가수나 탤런트, 스포츠맨을 후원하여 예수문화의 영향력을 펼쳐 나간다는 비전을 가지고 있다.

그런데 기독교 문화 사역자 안에 디자이너를 포함시키는 경우는 별로 보지 못했다. 이것이 오늘날 우리 교회의 문화의 한계라고 생각한다. 생소한 이름일 수 있겠지만 영국의 네빌브로디나 미국의 데이비드 칼슨은 그래픽디자인으로 전세계의 젊은이들을 열광케 하는 디자이너들이다. 이들은 특히 문자를 이용하여 디자인에 적용하는 타이포그래피 디자인 분야에서 세계적인 명성을 얻고 있다. 우리 나라에서도 예수 그리스도를 모르는 전세계의 영혼들에게 메시지를 던질 수 있는 탁월한 크리스천 디자이너가 배출되어야 한다고 생각한다.

하나님께서 말씀으로 모든 피조물을 창조하신 것은 시각적인 면을 지극히 중요하게 다루신 일이다. 하나님께서는 모든 피조물 하나하나마다 고유한 특성과 아름다움을 부여하셨다. 이런 면에서 볼 때 기독교 문화는 시각적인 면을 소홀히 하면서 말로만 외친다고 이루어지는 것이 아니다. 그야말로 오감을 다 동원하는 총체적인 미디어를 통하여 교회문화가 발전되어져야 한다. 그 중에서도 시각적인 부분은 디자이너가 담당해야 할 중요한 영역이다.

멀티 미디어 시대를 맞아서 교회도 이제 새로운 변화를 추구해야 한다. 사실 멀티 미디어를 언급하면서 시각적인 부분을 소홀히 하는 것은 미디어의 진가를 맛보지 못하는 결과를 가져올 수도 있다. 앞으로 교회는 기독교 진리에 충실하면서 뛰어난 감각을 소유한 디자인 전문가들을 계속 양육해야만 한다. 케이블 TV 중에서 전세계 젊은 사람들의 시선을 사로잡는 MTV의 경우 끊임없이 변화되는 새로운 장르의 음악에 더불어 현란한 시각적인 연출이 열광적인 인기에 단단히 한 몫을 하고 있다. 이러한 시각적 요소가 젊은이들의 폭발적인 시청률 확보에 지대한 역할을 하고 있는 것이다.

앞으로 교회에서 문화사역을 외칠 때 비주얼 미니스트리를 간과하고서는 그 사역을 일반인들에게 알리는 데 한계가 있을 것이다. 지금도 서울 도심 한 가운데서 예수천당 불신지옥만 외치며 기독교를 알리기 원한다면 천연 기념물 같은 느낌을 피할 수 없을 것이다. 무엇보다도 문화를 기획하고 이끌어 가는 분들이 디자이너의 중요성을 절감하면서 그들을 교회문화의 마당에 적극적으로 초대하고, 새로운 천년의 교회문화를 형성해가는 일을 함께 나누도록 해야 한다.

디자이너로 부름 받은 사람들이 자신의 소명을 뒤로한 채 찬양사역이나 다른 사역에 눈을 돌리면 그런 부분은 교정해 주어야 한다. 오히려 찬양을 통해 성령 안에서 받은 영감으로 디자인하는 적극적인 사고의 전환이 필요하다. 목사님들은 디자이너의 영적 고갈을 해결해주며, 그들이 신앙적으로 더욱 성숙해질 수 있도록 격려하고 지도해야 한다. 또한 담대해질 수 있도록 다양한 신앙의 경험들을 나눌 수 있게 해 주어야 한다.

창의적인 작업을 해야 하는 디자이너는 하나님의 영으로 충만해야 하며 남다르게 공교한 면을 소유해야 한다. 그리고 자신이 경험한 인식의 틀로부터 자유할 수 있어야 한다. 이렇게 여러 면에서 충실하게 겸비되어진 디자이너 한 사람은 반드시 세상을 변화시킬 수 있는 귀한 문화 사역자이며 궁극적으로 우리의 교회가 키워나가야 할 소중한 재원이다.

잔치에 걸맞는 환경을

예로부터 잔치를 베푸는 집에서는 손님들뿐만 아니라 길손들에게까지 음식을 푸짐하게 먹여왔고, 이것은 잔치를 여는 주최측의 배려라고 할 수 있다. 기독교가 발전해 오면서 요사이는 크고 작은 대규모 집회나 모임들이 활발하게 열리고 있으며 특히 외국의 목회자나 손님들을 초청하는 국제행사도 자주 있다. 이렇게 대규모 회중들이 모이는 중요한 집회는 반드시 참석하는 사람들을 위하여 그 환경을 마련해야 하는데, 예를 들면 대회를 알리는 공식명칭이나 엠블럼을 통해 모임의 방향과 비전을 시각적으로 제시하는 일 등이 그것이다.

이런 일에 무관심한 사람들은 교회관련 모임이 뭐 그렇게 화려할 필요가 있느냐라고 말할지 모르지만 그렇다면 그렇게 방대한 예산을 들이는 큰 집회는 과연 필요한 것인가라고 반문하고 싶다. 이런 시각적 요소가 큰 집회에서 반드시 필요한 이유는 모임의 정체성을 확인하고 많은 사람들에게 효율적인 커뮤니케이션 정보를 제공하기 위해서인데, 일목요연하게 제작되어 있는 장소 안내표지판이나 공공의 표식(Sign)은 대회기간 내내 참가자들에게 중요한 도움을 준다.

이렇게 체계화된 시각적 정보는 모든 집회에서 가장 중요하고 기초가 되는 시각 커뮤니케이션 수단이 되며, 일반적으로 이런 디자인 부분을 프로모션 디자인이라고 말한다. 세계화가 진행 되고있는 새천년의 시점에 언제까지 교회 안에서 습작하는 수준의 디자인을 수많은 사람들이 모여드는 큰 잔치에도 변함 없이 들고나올 것인가? 그것은 그 모임의 대외적인 신뢰도와도 밀접한 연관이 있다. 교회 안에도 이런 잔치에 참여할 수 있는 유능한 디자이너들이 얼마든지 있지만 잔치의 장에 동참할 기회가 흔치 않은 것이 문제가 된다.

1999년 부산에서 개최되었던 예수칭년 성령축제는 개최 초반 작업에서부터 디자인을 대회 준비에 접목시켜 그 중요성을 입증한 좋은 예라 할 수 있다. 진행 준비 위원회에서는 부산에서 서울까지 비행기로 오가는 수고를 아끼지 않고 디자인 전반에 대한 구체적인 요청을 해왔으며, 우리는 그 의도에 맞는 대회 공식 엠블럼과 부산기독청년연합 로고를 디자인하였다. 또한 대회 포스터는 부산지역 곳곳에 게시되어 성령축제에 대한 많은 사람들의 관심을 유발하면서 홍보물로서의 역할을 잘 감당하였다. 진행위원회의 체계적인 준비를 통하여 이 집회는 성공적으로 치러졌고, 많은 젊은이들이 뜨거운 은혜와 도전을 받은 가운데 막을 내리게 되었다. 집회가 끝난 후 많은 교회나 단체에서 자료 요청이 있었다. 진행 위원회에서는 대회 포스터를 액자로 만들어 참여한 교회에 나누어 주기도 했다. 예수청년성령축제는 준비된 계획과 준비된 디자인이 만나서 좋은 결과를 만들어낸 대표적인 사례이다.

배우려는 자세의 귀중함

필자는 모든 일에 호기심이 많은 편이다. 디자인이라는 영역의 일을 하면서 더욱 많은 부분에 호기심을 가지게 되었다. 호기심은 어떤 사물에 대한 관심이며 어떤 문제에 대한 접근이라고 생각된다. 교회 디자인도 왜 교회 안에는 디자인이라는 영역에 별 발전이 없을까 하는 호기심과 문제 의식에서 생겨난 것일 수도 있다. 하나님은 천지창조에 디자인을 어떤 개념으로 적용하셨을까? 하나님께서 좋아하시는 칼라는 무슨 칼라일까? 성경 속에 디자인이란 단어는 없는가? 이런 모든 것들이 호기심의 대상이 되었다.

요즈음은 색다른 호기심을 가지게 되었는데, 오늘날 교회는 이렇게도 많은데 조형적으로 아름답게 지어진 교회는 왜 이리도 드물까? 교회는 왜 멋있는 사인(간판)을 설치하지 않을까? 왜 교회 주보 앞면에는 교회 건물 사진이 주로 들어가 있을까? 왜 교회 안에서 사용되는 색깔은 어두운 톤일까? 왜 교회에 붙이는 플래카드는 큰 변화가 없을까? 등등. 이런 관심이 가만히 있지 못하게 하고 계속 도전하게 만든다.

호기심은 결국 관심이 만들어내는 마음이라고 생각된다. 콜럼버스의 달걀도 결국에는 우리의 상식을 뛰어넘는 호기심의 결과라고 생각된다. 그 달걀이 깨트려지기 전까지는 결코 바로 설 수 없었을 것이다. 한편 호기심의 반대적인 의미는 무관심인데 무관심은 기존에 행해졌던 습관들을 맹목적으로 따르게 하는 경향이 있다. 교회 안에서도 기존의 습관이 마치 율법처럼 작용할 때가 너무나도 많이 있는 것을 경험한다.

우리는 낡은 명령에 너무 익숙해져 있다. "교회 정면의 강대상은 무조건 나무로 해야 한다." 그런데 요즈음 투명한 유리나 플라스틱으로 된 강대상도 종종 볼 수 있다. 깔끔해 보이기도 하고 공간을 적게 차지하여 효율적인 공간 활용이 가능해지기도 한다. 성경책의 글씨는 빽빽하게 표기되어야 하고 글씨체도 지금껏 사용해 온 한가지만 사용해야 한다는 습관도 요즘은 많이 변화되고 있다. 얼마 전에 유명출판사에서 나온 성경은 성경 본문의 편집디자인과 글씨가 기존의 성경과는 많은 차이가 있었다. 많은 사람들이 이 성경을 널리 사용하고 있는데 바로 이런 것들이 새롭게 변화를 주려는 호기심과 의지의 결과라고 생각한다.

일전에 미국의 교회들을 방문하면서 사진을 찍게 되었는데 함께 가이드를 해주신 선교사님이 사진 찍는 장면을 유심히 보면서 카메라의 뷰파인더를 한번 들여다봐도 되겠냐고 물어 오셨다. 기꺼이 보시라고 카메라를 건네 드렸는데 보신 후에 돌려주시면서 이렇게 다른 각도로 피사체를 바라보니 또 다른 느낌의 세계가 있다며 놀라워 하셨다. 그때 적극적인 호기심이 가져다주는 아름다운 모습을 보게 되었다. 그분이 그냥 가이드 역할만 하셨다면 또 다르게 표현될 수 있는 시각의 세계를 놓치게 되었을지도 모른다.

필자의 경우에는 자신이 모르는 분야라도 자꾸 관심을 가지고 질문하면서 한 가지씩 자신의 세계를 넓혀 가려고 애쓴다. 그리고 많은 크리스천들이 디자인이 교회에 어떻게 적용되고 있는지를 관심 있게 봐주기를 소망한다. 더 나아가서 우리가 다니는 교회 안에 디자인이란 행위가 어떻게 생활화 될 수 있을지를 호기심어린 눈으로 바라보아야 하리라 생각한다. 자신이 모르는 것을 묻어두지 않고 적극적으로 배우려는 자세는 하나님 보시기에도 아름다운 모습이라 생각된다.

교회 시각 이미지의 구성 요소

일 반적으로 기업의 이미지 통합 (Corporate Identity)을 구성하는 3가지 요소에는 MI, BI, VI 가 있다.

MI는 Mind Identity로서 기업의 이념을 지칭하고 기업의 정신 및 인격을 나타낸다. 기업이 얼마나 건강한 기업철학을 갖추고 있으며 기업정신이 살아있는지를 나타낸다.

BI는 Behavior Identity로서 기업의 행동과 사회적인 활동 또는 행위를 의미한다.

VI는 Visual Identity로서 기업의 시각 디자인 요소를 의미하며 기업의 시각 이미지에 대한 정체성 확립을 의미한다.

이처럼 새로운 교회 이미지 정립을 위해서는 이같은 3가지 Identity 요소를 기초로 하여 체계화를 시도할 수 있다.

교회에서 MI(Mind Identity)는 교회의 구성원인 목회자 및 성도 각 개인이 가지고 있는 크리스천으로서의 올바른 마음가짐을 의미하며, 큰 의미로서는 하나님 나라의 백성으로서의 바른 위상을 재확인하고 정립하는 것을 뜻한다. 예수님께서

이제 교회도 디자인이 필요하다

이 땅에서 소외되고 약한 이웃들을 섬기는 모습을 보여주셨던 것처럼 남을 나보다 귀하게 여기고, 그리스도를 위하여 희생하는 마음을 기꺼이 가지며, 교회 공동체 안에서와 밖에서의 삶이 일치하도록 행동하여 성도의 바른 위상을 정립하는 것이 MI에서 중요하게 강조 될 수 있다. 또한 각자 섬기는 교회 안에서 가지는 공동체에 대한 신뢰와 목회자 및 성도들 간의 유기적인 관계 안에서 서로 이해하는 마음가짐도 MI에 포함될 수 있다.

BI(Behavior Identity)는 교회를 구성하고 있는 공동체 구성원 한 사람마다 가져야 할 바른 행동양식을 의미한다. BI측면에서 볼 때 한국 교회는 그동안 실천하는 모습이 많이 부족하였다. 예수님께서 실천하신 사랑의 삶을 항상 기억하며 교회와 사회 안에서 실천하는 행동양식을 크리스천의 BI라고 규정할 수 있다. 이 행동양식에는 자신이 속한 하나님의 교회를 위해서 봉사하고 소외된 이웃을 돌보며 건강하고 정직한 사회를 만들어가고 삶 속에서 이웃에게 복음을 전하는 역할이 포함된다.

공정한 선거를 통해서 바른 정치가 이루어지도록 크리스천들이 한 목소리를 가지고 힘을 모으는 것도 이러한 BI에 해당될 것이다. 기독교윤리실천운동을 통하여 소금과 빛의 삶을 세상에 선포하는 행위 또한 BI에서 비롯되는 것임을 알 수 있다.

어느 교회에서 주일 아침에 예배를 마치고 나와서 기계식 주차장으로 가서 차를 빼려고 기다리는 교인들을 본 적이 있었다. 추운 겨울 날씨에 공교롭게도 주차 기계에 이상이 생겨 고치는 동안 밖에서 기다려야 했다. 그런데 그 교회 교인들은 조금도 짜증난 표정 없이 환하고 밝게 서로 대화하면서 자신의 차가 빠져 나오는 시간까지 기다렸다. 그런 모습을 통해 잔잔한 감동을

성장하는 교회 디자인을 깨우라

받게 되었는데 바로 이것이 남을 나보다 더 배려하는 성숙한 크리스천의 행동양식이라고 생각한다. 예배 시간에 은혜 받고 나와 주차장에서 서로 먼저 나오려고 빵빵대면서 다툰다면 그것은 은혜가 되지도 않을 뿐더러 크리스천으로서의 바른 행동양식에 위배되는 것이다. 교회에서도 이런 부분을 소홀히 해서는 안 된다고 생각한다. 자동차 뒤에 크리스천임을 상징하는 물고기 표시 스티커를 붙이고 다니면서 교통신호를 위반하거나 운전석 유리창 밖으로 담배 든 손을 삐죽 내밀고 달리는 사람들을 보게 될 때면 이런 사소한 습관들이 모여 크리스천의 부정적인 행동양식을 형성할 수 있다는 사실을 느낀다. 우리 각자 한 사람이 하나님 나라 이미지 메이킹의 전령자들임을 기억해야 할 것이다.

VI(Visual Identity)는 앞서 언급한 크리스천의 마인드와 행동을 토대로 교회의 방향과 비전을 시각적으로 함축하여 보다 간결하고 명확하게 커뮤니케이션 되도록 하는 시각화 작업이다. 이 VI를 통하여 일반 기업과는 다른 기독교적인 특성과 교회의 특성에 어울리는 심벌마크를 디자인하고 여러가지 시각적 표현을 할 수 있다. 결국 VI는 참된 교회의 존재 의미를 보다 명확하게 시각적으로 상징화하여 전달하며, 교회에서 사용되는 모든 인쇄물, 서식류, 응용 시스템에 정확하게 적용되어 교회의 시각 커뮤니케이션 시스템을 구축하는 중요한 토대를 이루게 된다.

21세기 목회에서 PI(Pastor Identity)는 중요한 요소로 여겨진다. 모든 것이 정보화 시대로 급변하는 이 때 확고한 소명감과 시대정신을 가지고 영혼들을 생명이 있는 곳으로 인도해야 하는 목회자의 위상 정립은 아무리 강조해도 지나침이 없다. 최근에 남편이 살면 가정이 살아나고 목회자가 살면 교회가 살아난다는 말을 자주 듣게 된다. 기업을 이끌어 나가는 최고 경영자의 역할이 엄청나게 중요하듯이 교회를 영적으로 이끌어 가는 목회자의 바른 가치관은 성도들이 이 세상에서 영적으로 승리하고 바른 신앙의 길로 나아갈 수 있도록 방법을 제시한다. 생명 넘치는 메시지를 통하여 성도들을 양육해야 하는 목회자에게는 가장 중요한 것이다.

얼마 전 《목회와 신학》의 편집담당 목사님과 이야기를 나누면서 아주 인상적인 말씀을 들었다. 그분은 "21세기 목회는 인격목회"라고 강조하시고 또한 아픈 상처를 싸매주고 치료해주는 치유의 사역이 목회의 중요한 패러다임으로 등장할 것이라고 말씀하셨다. 평신도인 나로서도 깊이 공감이 가는 내용이었다. 영육 간에 건강한 목사님이 이끄시는 교회 안에서 건강한 성도가 양육되는 것은 당연한 이치라고 생각된다.

디자이너의 입장에서 볼 때 교회 디자인 문화에 새로운 인식을 가지고 시도하는 목사님이 계신 교회는 디자인 문화에 있어서 분명히 새로운 장을 열 수 있다고 생각한다.

"콩 심은 데 콩 나고 팥 심은 데 팥 난다"는 원리는 세상이 아무리 바뀐다 하더라도 쉽게 바뀌지 않는 진리이다. 교회 시각 이미지 갱신을 위해서 PI(Pastor Identity)가 중요하게 자리잡기를 소망한다. 목사님이 디자인에 관심이 없으면 자연 그 교회는 새로운 문화의 장이 열리기 힘들 것이다. 또한 장로님들이 문화의 외곽에 머물러 계시는 만큼 교회 성도들은 우물 안에 갇힌 격이 된다. 말씀은 샘같이 한없이 넘쳐 나면서도 교회문화는 우물 안에 갇혀 있다면 균형있는 교회문화의 발전은 그만큼 지체된다.

디자이너의 창의성이 인정되는
교회의 분위기로

언젠가 어떤 디자이너가 교회로부터 의뢰를 받아서 여러가지 시안을 제출하였는데 계속해서 수정을 거듭하며 새로운 시안을 보여주었지만 결국 어느 안도 결정되지 못하여 곤경에 빠진 것을 보았다. 그는 기독교 디자인 분야에서 상당히 인정받는 디자이너였는데 그동안 쌓아온 전문성을 정당하게 인정받지 못하게 되면서 일종의 한계를 느끼게 된 것이다.

교회 안에 디자이너의 창의성이 인정받지 못하는 분위기가 존재는 하는 데에는 몇 가지 이유가 있다. 우선 교회가 이런 디자인 행위를 익숙하게 경험하지 못했기 때문에 발생하는 커뮤니케이션의 어려움이 있고, 주눅들어 있는 디자이너가 당당하게 자기 목소리를 내기에는 너무 나약한 입장이기 때문에 생기는 어려움이 있다.

심지어 인천에 있는 대형 교회 어느 목사님은 자신이 수십 년 전에 디자인 공모전에서 상을 받았던 것을 지금까지 자랑스럽게 여기면서 그분주한 와중에도 교회의 인쇄물 디자인을 직접 관여하는 것을 보았다. 이런 경우 디자이너는 또 한번 좌절을 경험하게 되는 것이다. 지금 그분의 가장 중요한 역할은 교회의 목회임에도 불구하고 어떤 경우에는 갑자기 디자이너로 변신하시는 것을 볼 때 디자이너의 전문성이 외면 당하는 현실을 발견한다. 사람은 모든 것을 다 잘할 수는 없다. 그래서 수많은 직업이 생겨났고 각자의 능력과 재능을 개발하여 자기분야에서 전문적인 역할을 감당하고 있는 것이다.

디자이너의 지적 노동을 통한 수고를 정당하게 인정받지 못하고 있는 것이 교회 디자인의 현실이다. 수천 권의 인쇄꾸러미에는 대가를 지불하지만 수도 없는 수정과 몇 날의 밤샘 작업을 감수한 창의적인 행위는 인쇄물이 납품되는 순간 잊혀지고 마는 것이다. 다시 말하자면 이것이야말로 하드웨어에 초점을 맞추고 있기 때문에 발생하는 현상이며 소프트웨어는 하찮은 것으로 취급되고 있는 교회의 토양을 반영하는 것이다. 오늘날 세계 최고의 거부인 빌게이츠는 개인용 컴퓨터의 OS 운영체계를 개발하여 일약 부와 명성을 동시에 누리고 있다. 이들이 땀흘려 개발한 소프트웨어의 지적 소유권을 인정해주지 않았다면 오늘날의 마이크로소프트사가 존재할 수 있었을까?

21세기는 창의적인 정보가 가치를 발휘하는 시대이다. 문화의 가치도 마찬가지이다. 무형의 가치가 우리의 생활을 변화시키게 될 것이다. 하나님은 우리 인간의 삶의 질을 생각하시면서 위대한 자연을 창조하신 것이다. 우리가 마음껏 그분의 작품을 볼 수 있도록 배려하고 계신 것이다.

교회 안에도
전문 디자인 팀을 구성하자

교회가 전문적인 디자인회사에 의뢰해서 고가의 비용으로 작업하는 것이 한계가 있다면 장기적인 측면에서 볼 때 차라리 교회 안에 전문적인 디자인 팀을 구성하여 교회 디자인의 필요들을 해결하는 것이 비용절감 및 작업의 체계화를 위해서 바람직할 수도 있다.

데스크탑 퍼블리싱 즉 전자출판이 보편화되면서 이제 애플 매킨토시 컴퓨터와 유능한 디자이너만 있으면 기본적인 교회 인쇄물 작업을 할 수 있게 되었다. 교회 안에 문서홍보위원회 성격의 부서를 두고서 장·단기적인 교회 문서 홍보와 관련 사안을 협의하여 한가지씩 실행해 보는 것도 좋은 경험이 될 것이다. 지금도 어느 정도 규모의 교회 안에는 인쇄와 관련된 일에 종사하는 사람들이 많다. 디자인된 결과물을 인쇄할 때 이런 네트웍을 잘 활용한다면 교회 내에서 자급자족을 할 수 있을 것이다. 다만 만족할만한 인쇄결과물이 나오도록 관리 감독하는 기능을 새롭게 강화할 필요가 있다.

그동안 교회 안에서는 일을 나누어 맡으면서 전문성과 열의

가 부족하여 서로 어려움을 겪는 사례가 빈번히 발생해온 것이 사실이었다. 이것은 교회 인쇄물에 대하여 보다 객관적인 입장에서 관리를 해오지 않았던 데에도 원인이 있다. 그리고 교회에서 의뢰 받은 일을 해주는 사람들도 봉사와 사업이라는 딜레마 때문에 스스로가 지키지 못할 약속을 하고 만다. 그중 대표적인 것이 "싸고 좋게 해드리겠습니다"라는 말인데, 이 말처럼 이율배반적인 것은 없다. 싸고 좋게 만들어 준다라는 말을 너무 신뢰하기에 오늘의 교회 인쇄물들이 탄생되고 있는 것이다. 자동차를 구입해 본 사람이면 흔히 경험하게 되는데, 값싼 자동차가 성능 좋은 것을 본 적이 있는가? 자동차를 구입하는 데 드는 비용만큼 성능도 비례하는 것이 일반적이다.

교회에서는 교회 디자인물을 제작할 때 문서의 방향을 분명하게 설정해서 적합한 예산을 세워 나가야 한다. 질을 고급스럽게 할 것인지, 부수는 몇 부가 적절한지, 제작기간은 어느 정도 소요될 것인지 등 세부적인 제작 계획을 세운 다음 작업에 들어가야 한다.

교회 주일학교 선생님의
디자인 감각을 키우자

교회 안에는 어느 교회를 막론하고 교회 주일학교
가 있다. 그리고 주일학교에는 선생님과 학생이
있다. 어릴 때일수록 선생님이 학생들을 가르치면서 주는 영향
력이 크게 작용한다. 교회 주일학교 선생님들은 주일학교 학생
들보다 디자인 감각이 앞서가고 있는지 한 번 자문해 볼 필요가
있다.

각종 성경학교 시즌마다 선생님들은 아이들에게 나누어 줄
선물을 한 꾸러미씩 사기에 바쁘다. 그런데 이런 선물의 선택권
은 주로 교사에게 위임되고 있다. 만일 아이들의 정서와 앞서가
는 감각이 고려되지 않은 채 교사들이 자기 생각이 미치는 수준
에서 선물을 구입해서 준다면 아이들은 전혀 감동받지 않을 것
이다. 물론 기독교용품에 국한해서 선물을 고른다면 조금은 수
준이 낮아 선택의 어려움이 따르겠지만, 아이들의 기억 속에 오
랫동안 남을 수 있는 선물을 고르겠다는 부담을 가진다면 좋은
상품은 얼마든지 있을 것이다.

그리고 교사는 학생들에게 미래의 직업에 대한 비전제시를

할 때 위대한 과학자, 음악가, 사업가, 선교사, 교수 등 많은 전문직 중에서 디자인을 통한 하나님나라의 확장을 도모하는 디자이너도 있음을 주지시켜 줄 필요가 있을 것이다. 가령 주일학교에서 선생님이 들려주고 보여 준 그림동화를 통하여 위대한 디자이너의 꿈을 가지게 된 학생이 있다면 이 또한 얼마나 귀한 비전제시가 되겠는가. 주일학교영상을 통하여 위대한 영상전문가의 꿈을 키울 수 있을 것이며 불편한 교회의자를 보면서 가구 디자이너의 꿈도 키울 수 있는 것이다.

필자는 선교라는 명목으로 젊은 시간을 규모 없이 허비하고 표류하는 적지 않은 사람들을 보아왔다. 젊은이들 가운데 선교여행, 비전트립이라는 명목 하에 자신이 전공하는 분야는 악세서리로 취급하는 경우가 얼마나 많은가. 디자인을 전공하고서도 자신에게 주어진 이 위대한 시대적 소명을 깨닫지 못하고 취직도 하지 않고 하얀 손만 바라보고 있을 것인가. 아마도 이런 학생들에게 교사들이 하나님께서 Bezalel을 성막 짓는 데 디자이너로 명하여 세우신 출애굽기 31장의 장면을 가르친다면 하얀 손이 검은 손이 되도록 자신의 재능을 가지고 하나님을 높이게 되지 않을까.

지금도 교회 안에서 자주 관심의 대상이 되는 CCM이라는 장르가 있다. 교회에 다니는 젊은이들 중에서는 CCM 가수가 꿈이라는 사람들이 많다. 그런데 이 분야에 천부적인 재능을 가진 사람들은 결코 많지 않다. 아무나 되고 싶다고 CCM 가수가 되는 것이 아님을 느낀다. 세상에서도 흔히 접할 수 있는 얄팍한 리듬에 기교를 섞고 가사에 예수님을 넣었다고 다 CCM이라면 차라리 세련된 가요나 POP이 훨씬 더 호응을 얻게 되지 않을까?

교회 주일학교 교사들은 현대적인 디자인을 통하여 하나님의 묵시를 이 땅에 선포할 수 있는 Inspiration Design이 있다는 것을 학생들에게 가르쳐 주길 바란다. 보다 곧은 심지를 세워 자신에게 분명하게 주어진 재능을 가지고 다양한 분야에서 섬겨야 한다. 하나님을 드러내는 직업에 디자인 전문가가 있음을 주지시켜 주어야 한다. 철새처럼 대중들 사이에 드러나는 것에만 심취해 있는 교회 안의 젊은 영혼들에게 새로운 크리스천 디자인의 세계를 소개해야 한다.

어렵겠지만 학생들 손을 잡고 유명 미술가와 디자이너의 전시회에 함께 가본다면 얼마나 좋을까? 그리고 그들이 예수 안에서 한가지씩 꿈을 이루어갈 수 있도록 교회와 교사가 그들의 비전에 대한 고민을 들어줄 수 있어야 할 것이다.

4장

참신한 디자인으로 복음을 전하자

신학교에도
디자인 교양 강좌를 개설하자

21세기 기업경영과 마케팅에서 디자인매니지먼트는 또 하나의 중요한 이슈로 부각되고 있다. 이제 글로벌 기업으로 성장하기 위해서는 디자인의 가치를 회사 경영과 분리하지 않고 모든 영역 안에 적용시켜야한다. 고객만족을 위한 진정한 가치 창출이 이루어질 때 기업의 생존이 가능해진다.

앞으로 미래의 한국 교회를 이끌어 갈 신학생들은 적어도 디자인에 대한 교양강좌 정도는 들어 볼 필요가 있다고 생각한다. 왜냐하면 목사님이 되기 전에 이런 디자인 문화를 경험하는 것이 향후 목양사역에 새로운 아이디어를 주고 복음의 개념을 전개해 가는 데에 도움을 주기 때문이다. 디자인 분야를 조금이라도 경험한 분들이 디자인을 이해할 수 있다. 그 경험이 그분야에서 종사하는 사람을 중요하게 여기고 이끌어 주는 관계로 발전되기 때문이다. 디자인을 사랑하고 관심을 가지는 목회자 후보생들이 늘어나야 한다. 관심과 경험은 열매로 발전되기 때문이다. 갈수록 교회가 젊은 세대로 바뀌어 가는 현실을 돌아볼 때 상호 커뮤니케이션의 접촉점으로 디자인을 이용하는 것은 효과적인 수단이 된다. 디자인 감각이 생활화되어 있는 목사님들은 21세기에 모든 이들에게 밝고 건강한 교회 이미지를 제공할 수 있을 것이다.

이제 디자인은 필수적인 복음 전달의 매체이며 소홀히 할 수 없는 수단이다. 지금도 많은 교회들이 출판과 영상에서 앞서가는 대표적인 교회를 탐방하여 아이디어를 공유하고 있다. 이는 바람직한 현상이라고 생각한다. 새로운 아이디어를 통하여 하나님이 창조하신 피조세계의 다양함을 한번 더 기억하게 되길 바란다. 새로운 아이디어는 의외로 가까운 데서 발견할 수 있다. 교회를 개척하는 것도 어떤 의미에서는 하나님나라를 디자인하는 것이다.

하나님나라 확장의 선두에서 달리고 있는 목회자들은 창의적이어야 한다. 다양성의 시대임을 간파해야 한다. 다양한 개성을 끌어안아야 하며 변화에 민감해야 하고 교회 안의 젊은 세대가 공감하는 감성을 이해해야 한다. 하나님께서 완벽한 감각의 소유자이심을 발견해야 하며 우리 모두를 다르게 만드신 그 변화무쌍하심을 기억해야 한다. 그래서 새롭고 창조적인 사역의 현장을 만들어 내야 한다.

우리 나라의 수많은 신학교 안에서 영감 있는 디자인을 교양 강좌나 특강으로라도 듣게 된다면 미래 목회사역에 소중한 경험이 될 것이다.

복음을 전하는 문서를
참신하고 아름답게

중세시대 쿠텐베르크 인쇄술의 발달로 말미암아 교회가 재정을 지원하는 가운데 성경을 최초로 인쇄하였고 그와 함께 문맹자들을 위해서 성경의 내용을 일러스트레이션으로 시각화하여 복음 전파의 수단으로 사용하였다. 이 같은 그림책의 영향으로 말미암아 동화책이 발전하게 되었고 이로 인해 교회에서 시작되었던 인쇄의 영역이 세상의 문화를 이끌어가게 되었다. 많이 들어왔던 이야기지만 오늘날 우리의 교회들이 문서 배포자의 입장에서 일반 인쇄문화 규모에 흡수되어버린 것이 안타까운 현실이다.

지금도 길거리를 지나다보면 사람의 오감을 자극하는 새로운 개념의 인쇄물들을 쉽게 볼 수 있다. 세상은 사람의 마음을 꿰뚫는 힘을 가지고 사람들에게 접근하고 있다. 이제 교회는 복음을 전하는 문서에 더욱 새로운 옷을 입혀서 세상에 나누어 주어야 하는 시기에 이르렀다. 물론 언뜻 보기에는 다윗과 골리앗의 상황처럼 느껴지지만 우리에게는 무한하고 영속적인 메시지가 말씀 안에 있지 않은가. 모든 것이 컬러풀한 비주얼에서는

창조는 교회 디자인을 깨우라

오히려 흑백이 더욱 빛을 발하듯이 우리에게는 세상을 능히 앞지를 수 있는 마르지 않는 생수가 있다. 이런 생명을 담은 인쇄매체를 만들어서 당당하게 나누어주는 교회가 늘어나야 한다.

교회는 이러한 일들을 진행하는 데 예산 문제만 거론할 것이 아니라 교회 디자인 전략위원회를 구성하여 세상의 문화 속에 침투하기 위한 전도의 방법들을 모색해야 할 것이다. 또한 전문 인력이 없거나 재정적인 어려움이 있는 교회들은 대형교회나 기독교 출판 전문기관들에게 실제적인 도움을 청해야 하며 정보를 교류하는 네트워크를 형성해야 한다. 기독교 문서사역과 관련이 있는 기독교 단체들은 미자립 교회나 선교의 현장에서 사용될 복음을 담은 문서를 더욱 새롭게 개선하고 이 시대의 시각언어로 재단장하여 함께 공유하도록 노력해아 할 것이다.

식상한 교회 용어를 새롭게

"또 다른 세계를 만났을 때는 잠시 꺼두셔도 좋습니다."

이 카피는 이동통신 전화 광고에서 자주 접한 내용일 것이다. 기업은 광고를 제작할 때 이같은 광고 문안을 만들기 위해 수 차례의 기획 회의를 거쳐서 신중하게 결정한다.

교회 안에서도 이처럼 시대성에 어울리고 기성 교인과 일반인 모두에게 신선한 느낌을 줄 수 있는 기독교적인 문안들이 필요하다. 신년 축복 대성회, 부흥성회, 특별축복성회, 구국집회, 신유집회, 은사집회 우리는 이렇게 무수한 용어들을 이제 별 생각 없이 받아들이고 있다. 축복은 신년 초에만 있는 것인지, 대성회가 있으면 소성회도 있는지, 이런 용어들은 불신자들에게 어렵게 들릴 수밖에 없고 거리감을 느끼게 하는 등 부정적 측면을 가지고 있다. 얼마 전 강남에 있는 사랑의교회에서는 "대각성 전도집회"라고 오랫동안 사용해 오던 집회 명칭을 불신자들에게 가까이 다가가도록 좀 더 친근하고 편안하게 "새생명 축제"라는 새로운 명칭으로 바꾸었다. 일단 일반인들에게 거부감을 주지 않으

변치는 교회 디자인을 깨우라

152

면서도 교회를 자연스럽게 소개하는 열린 느낌을 준다. 하지만 기독교적인 입장에서 볼 때는 진정한 생명이 그리스도안에서 태어난다는 내면의 뜻이 스며들어 있는 것이다.

이처럼 그동안 별 생각 없이 오래 전부터 사용해 오던 교회와 관련된 용어들에 새로운 옷을 입히는 작업은 감성세대의 정서를 유념하고 이루어져야 하며, 수십 년 교회를 다녀왔던 사람들에게도 새롭고 신선한 동기를 부여해 주는 언어의 연금술이 필요하다.

사랑의교회 우물가선교회에서 발간되는 "목마르거든"이란 회지의 제호도 많은 사람들에게 공감대를 일으키는 좋은 사례라고 생각된다. 목마르거든 영원한 생수를 마시라는 은유적인 의미가 내포된 경우라 할 수 있다.

"교회가 변하면 세상이 변합니다"

"나를 살리고 가정을 살리고 교회를 살립시다"

"마음을 치유하는 열쇠를 드립니다"

"새천년 새 사람"

"교회교육을 깨운다"

우리는 이제 이러한 새로운 말들을 만들어 낼 필요가 있으며 많은 사람들이 함께 느끼며 사랑할 수 있는 귀한 문안들이 많은 고민 가운데서 태어나야 할 것이다. 그렇게 되면 생명이 담긴 귀한 말 한마디로 교회에 다니는 것이 감격스럽기도 하고 자랑스럽기도 한 경험을 하게 될 것이다. 크리스천으로서 당연히 "예수천당 불신지옥" 이라는 진리의 말을 부르짖어야 하겠지만 좀더 은유적인 표현으로 사람의 마음속에 파문을 일으키는 섬세함이 필요하다.

최첨단의 선교 홍보 매체 인터넷

미국 최대의 재벌인 타임워너와 인터넷 비즈니스의 대표주자 AOL의 합병은 인터넷이 미래의 방송미디어로서 얼마나 큰 가능성을 가졌는지 단적으로 보여주는 예라 할 수 있다. 새천년의 가장 큰 변화는 정보통신의 혁명이라 할 수 있으며 전 세계는 인터넷을 통하여 획기적인 변화를 경험하고 있다. 지금까지의 기존 방송매체 또한 인터넷 방송을 통해 새로운 시청자를 앞다투어 확보해 가고 있다.

세상이 정보의 혁명을 외치며 무서운 속도로 변하고 있는데 우리 크리스천들도 이 변화의 바람을 적극 이용하여 새로운 전도의 매체로 활용해야 하지 않겠는가. 미래의 한국 교회는 지금의 젊은 세대에 의해서 변화를 겪게 될 것이다. 이 젊은 세대는 인터넷 환경에 익숙하며 인터넷 안에서 서로의 생각을 거침없이 주고받는다. 교회가 이러한 시대의 변화를 읽고 열려있는 사이버 공간에서 복음을 잘 소개한다면 인터넷은 지혜로운 도구로서 사용되어질 것이다.

인터넷 방송은 웹세대의 젊은이들에게 막강한 영향력을 가진 방송매체이다. 이제 좀더 구체적으로 인터넷 선교방송을 만들어 가야 할 때이다. 인터넷을 통한 선교방송은 기존의 TV를 통한 전파방송매체와는 전혀 다른 방식으로 디지털 기술을 적극 활용하는 신 방송 선교 매체로 각광받고 있다. 인터넷 방송은 애국가를 들으며 방송을 마감하는 일이 없다. 24시간 언제 어디서든 네트웍만 연결된 상태면 접속하여 시청이 가능하다.

또한 전 세계를 대상으로 방송하기 때문에 땅끝까지 복음의 선교를 할 수 있다. 이제 교회들은 공간과 시간의 제약을 뛰어넘어서 움직이는 영상과 소리와 문자를 하나로 통합하여 전달해 주는 뉴 미디어인 인터넷 방송이 미래사회를 주도해 나가는 큰 흐름이 되어가고 있음을 좀더 민감하게 느껴야 할 것이다.

마이크로소프트의 빌 게이츠 회장은 인터넷과 TV를 연결한 인터넷 가전시대를 예고했으며 인터넷과 정보혁명을 통하여 본격적인 멀티 미디어 시대가 열리게 될 것임을 언급하고 있다. 21세기는 생명이 넘치는 새로운 정보에 접속하는 시대이다. 인터넷을 선교 현장의 첨병으로 잘 활용하는 것은 우리 크리스천에게 주어진 과제이다.

크리스천 웹사이트에도
앞서가는 디자인을

지 금 국민 PC의 보급과 더불어 인터넷 사용자의 수는 더욱 급속하게 늘어나고 있다. 이는 인터넷이 우리 사회의 중심적인 정보전달 매체로 자리잡게 되었음을 보여주는 현상이다. 인터넷 안으로 들어가 보면 헤아릴 수도 없이 많은 웹사이트가 방문객을 기다리고 있다. 방문객은 당연히 유명한 홈페이지나 디자인과 내용이 뛰어난 웹사이트로 몰려들기 마련이다. 다시 말해서 인터넷 안에서도 풍년을 맞은 사이트가 있다면 흉년을 경험하는 사이트도 있기 마련이라고 할 수 있다.

N세대들은 직관력이 뛰어나며 항상 새로운 비주얼을 경험하길 원하고 그런 웹 환경에 익숙하다. 교회가 인터넷을 선교전략의 교두보로 삼는 것만으로는 네티즌들을 끌어들이기에 부족하다. 디자인이 참신하고 볼거리를 많이 제공하는 훌륭한 사이트로서 관심을 유도하기 위해서는 장기적인 전략을 가지고 창조적인 웹 디자인을 가미해야만 한다.

인터넷 홈페이지 개설을 준비하는 교회들은 이점을 기억하

자. 다른 교회가 만드니까 따라서 만든다는 식으로 홈페이지를 제작해서는 곤란하다. 지금도 홈페이지 방문객들이 한번 들어와 보고 난 후 좀처럼 다시 들어오지 않는 웹사이트가 많다는 사실을 알아야 한다. 북적대는 음식점에는 나름대로의 분명한 이유가 있듯이 홈페이지도 그런 요소를 갖추어야 한다. 인터넷에서 좋은 디자인은 특별한 조건이 아니라 기본조건이다.

지금도 방문객들은 감동을 주지 않는 디자인의 홈페이지보다는 디자인이 뛰어난 홈페이지에 훨씬 더 몰린다는 사실을 다시 한번 기억해야 할 것이다. 컨텐츠만 많이 확보되어 있고 뛰어나면 좋은 웹사이트가 되리라 기대하지만 양질의 컨텐츠를 어떻게 하면 사용하기 좋게 가공하느냐도 중요하다. 그리고 사용자의 사용환경이 고려된 기능적인 유저 인터페이스를 갖추는 것도 무척 중요한 부분이다.

교회와 관련된 선교적 개념의 홈페이지 제작은 다양한 분야에서 제대로 된 전문가가 많이 참여하는 작업이다. 쉽게 만들 수 있는 홈페이지라면 그만큼 쉽게 잊혀질 수밖에 없는 법이다.

교회 영상에도 디자인을 개발하자

우리 나라에 경배와 찬양이 새로운 찬양문화로 자리잡기 시작했을 때 낙원상가의 악기판매점에서 기타나 키보드, 드럼 등이 불티나게 팔린 적이 있다. 이것은 그만큼 찬양에 대한 교회적인 관심이 확대되었다는 사실을 의미한다. 그런데 문제는 그 좋은 악기들을 교회예산으로 구입한 다음 충분하게 활용하고 있느냐 하는 것이다. 사실 중요한 것은 그 악기를 연주하면서 찬양을 인도하는 사람의 영성과 악기의 가치를 제대로 발휘하고 있는가의 문제이다. 이처럼 한국 교회는 다른 교회 따라하기에 너무 익숙하다.

최근에도 어떤 대형교회가 교회예배에 영상을 적극 활용한다는 사례가 알려지면서 다른 교회들 또한 앞다투어 값비싼 방송용 카메라며, 빔프로젝터 등 장비들을 구입하고 있다. 하지만 하드웨어만 구입해 놓고 정작 그 기계들을 창의적으로 활용할 전문가들에게는 별 관심을 두지 않는 것을 흔히 볼 수 있다. 중요한 것은 소프트웨어인 것이다. 남들 하니까 우리도 한다는 식으로 그런 값비싼 장비들을 들여 놓고 제대로 활용하지 않으면

낭비가 아니고 무엇이겠는가.

영상분야는 디자인과 너무나도 밀접한 상관관계를 가지고 있다. 교회의 영상작업에는 디자인이 고려되어야함을 기억해야 한다. 디자인 개념이 결여된 교회의 영상물은 자칫 습작 수준에만 머무르게 될지 모른다. 영상은 여러 사람이 동시에 볼 수 있는 시각커뮤니케이션의 절정이라고 할 수 있다. 영상 자막 하나부터 체계적인 양질의 디자인으로 보는 사람들에게 미칠 영향을 고려하면서 커뮤니케이션의 도구로 활용해야만 한다.

가끔 열린예배에서 설교하시는 목사님의 모습을 큰 화면으로 중계하는 것을 본다. 그런데 목사님 얼굴은 실제 얼굴 크기보다 조금 크게 보여주면서 주변의 필요없는 공간들을 동시에 카메라 앵글에 담고 있는 경우를 종종 보게 된다. 예배딩의 뒷편에 앉아 잘 보이지 않는 사람들에게 도움을 주기 위해 영상을 동원하는 게 아닐까. 단적인 예지만 이것은 영상의 기능과 효율성을 제대로 인식하지 못하는 비전문가들의 실수인 것이다. 교회는 서로 이런 문제를 지적하고 용납하는 데 익숙하지 않다. 혹자는 '그런 수준의 교회 영상이 필요한가?' 또는 '교회가 무슨 방송국이냐' 라고 생각할 수도 있겠지만 그렇다면 교회는 방송국도 아닌데 왜 값비싼 방송기자재를 필요로 하는가라고 반문하고 싶다.

교회에서 영상을 지혜롭게 활용하자는 데에는 이견이 없다. 다만 하드웨어가 중요한 것이 아니라 그것을 활용하는 사람의 컨셉이 더욱 중요하다는 사실을 지적하고 싶다. 새로운 영상은 교회교육과 전도의 도구가 되기도 한다. 하지만 준비없이 급하게 만들어진 영상은 오히려 세상의 영상문화에 익숙해져 있는 사람들에게 흉내뿐인 영상물로 취급받을 수도 있다는 사실을 알아야 한다.

일전에 한 대형교회에서 예배를 드린 후에 대학부 수련회 광고를 대형 스크린을 통해 보여 주는 것을 본 적이 있다. 광고가 끝나자마자 교인들은 알 수 없는 웃음을 동시에 터트렸다. 아마도 그 영상광고의 수준이 낮은 데서 느껴지는 느낌 때문이거나, '교회에서 웬 영상광고지' 라는 생각 때문에 터져나온 웃음이라고 여겨졌다. 이처럼 교회에서의 시도는 세상에서 경험하게 되는 영상문화에 이미 익숙한 사람들을 대상으로 하는 것인 만큼 좀더 차별화 된 개념을 적용할 수 있어야 한다. 일주일 내내 현란한 동영상 광고에 노출되어 있던 사람들이 교회 안에서는 무언가 다른 청량음료와도 같은 신선한 영상을 보고 싶어하기 때문이다. 그런데 어설픈 흉내만 내고 있으면 성도들이 하나같이 웃지 않을 수 없는 것이다.

다시 한번 강조하지만 교회영상이 올바르게 전개되기 위해서는 세상에서 경험하기 힘든 생명이 담긴 내용으로 철저히 기획되고 청중들에게 감동을 주는 영상디자인이 보태져 발전되어가야 한다. 그리고 무엇보다도 영상과 디자인 전문가들의 참여가 적극 이루어져야 한다.

디자인으로 선교하는 시대

생소하게 들릴 수 있겠지만 새천년에는 교회가 디자인을 통하여 선교할 수 있는 시대적 가능성을 새롭게 검토해야 한다. 너무도 분명한 것은 앞으로는 비주얼 세대와 감성의 세대가 주류를 이루게 될 것이기 때문이다. 지금의 기업들은 모든 제품을 생산함에 있어서 감성공학의 측면을 중요하게 부각시키고 있다. 단순히 제품을 사용하는 수준을 뛰어넘어서 그 제품이 가지는 감성적 기능을 중요하게 생각하고 있는 것이다.

요즈음 이름을 처음 들어보는 생소한 선교단체가 우리 나라 곳곳에서 꾸준히 늘고 있는 것을 볼 수 있다. 우리 나라의 대표적인 외국 선교단체들을 살펴보면 문서선교에 디자인을 체계적으로 적용하는 것을 볼 수 있으며 전문적인 스탭들로 조직되어 있는 것을 알 수 있다. 이처럼 이미 앞서가는 선교단체들은 선교를 위한 디자인의 중요성을 인식하고 선교적 측면에서 새롭게 자기 정체성을 확보하기 위하여 재정과 시간을 투자하고 있다.

이제 교회도 디자인 전문가들을 선교사역의 동역자로서 양육시키고 이들에 대한 실제적인 지원에 대해서도 진지하게 생각해 보아야 할 시점에 달하였다. 아직까지 교회에서 디자인을 선교사역의 중요한 동반자로 인식하는 분위기는 생소하다. 그러나, 디자인 전문가들은 교회가 관심을 가지고 돌아보아야 하는 중요한 사람들임을 기억해야 한다. 이들이 하나님의 영으로 충만할 수 있도록 양육하고 그들에게 부여된 직관력을 기꺼이 인정하여 그 가치를 귀하게 사용할 수 있도록 도와야 한다.

디자인을 교회 인쇄물 제작 행위 정도로 여기는 교회의 분위기와 디자이너를 을지로 인쇄소의 인쇄업자로 이해하는 시각은 달라져야 한다. 또한 그들을 중요한 사역자들의 입장으로 인정할 필요가 있다. 출애굽기에서 하나님께서는 성막을 짓는 데 하나님의 영이 충만하고 공교한 디자인 능력을 소유한 디자이너를 친히 세우도록 모세에게 명하셨다.

지금까지 교회 디자인이 만들어지는 과정 가운데 디자이너의 능력이나 직관력은 아주 미미하게 영향을 끼치는 수준에 머물러 있었다. 그것은 전통적인 개신교의 교회 분위기 탓도 크게 작용했다고 볼 수 있다. 주로 목사님과 평신도의 입장에서 의사결정이 이루어지면서 디자이너의 창의적인 능력은 이에서 배제되는 경우가 많았기 때문이다. 이런 관계에서는 보다 건강한 디자인이 표현되기 어려운 것이 사실이다. 디자이너가 웃어른 마음을 맞추어 주어야 하는 부담을 안고서 과연 진정으로 개성 있는 교회 디자인을 진행할 수 있을까? 너무 많은 결정을 직접 내리는 것에 익숙한 오늘 우리 나라 교회 목사님들의 관성이 교회 디자인 발전을 감속시켜온 것이 아닌지를 조심스레 진단해 볼 때가 되었다.

교회를 이루는 구성원들 전체는 교회 디자인 문화를 누려야 할 당연한 이유가 있다. 교회는 이들에게 새로운 디자인 문화를 소개해 주어야 하고 이런 배려로 좋은 영향을 받은 디자이너들이 교회를 위해서 더욱 많이 배출되어야 한다. 교회는 이들이 하나님 나라의 확장을 위해서 마음껏 그들이 소유한 재창조의 능력을 발휘할 수 있도록 기회를 제공해야 한다.

성도들을 교회 밖에서는 여과 없이 방치된 상태에서 새로운 문화를 경험하도록 내버려두고 교회 안에서는 예배만 강조한다면 이원론적인 사고의 틀 안에서 혼란만 가중시킬 것이다. 바른 기독교적인 가치관을 가지고 디자인 문화를 이해할 수 있도록 길을 열어주어야 하며 디자인을 통해 선교에 창의적으로 접근할 수 있도록 기회를 제공할 때 새로운 개념의 디자인을 통한 선교의 가능성이 더욱 높아질 것이다.

그렇다면 디자인이 어떻게 선교와 접목될 수 있을까? 선교의 현장에서 선교 대상자들에게 전해 주는 성경은 몹시도 중요하다. 그런데 그들에게도 그들의 문화 안에서 수용되어지는 디자인 문화가 있기 마련이다. 하나님이 사랑이심을 알리는 엽서, 스티커, 카드, 메모지 등도 선교적 시각에서 새롭게 디자인하여 나누어 준다면 그들에게 유용하고 가치 있는 선물이 될 수 있을 것이다. 이렇게 그동안 깊이 생각하지 않았던 틈새에 항상 창의적 접근의 가능성이 엿보이는 법이다.

버려지지 않는 리플렛을 만들자

서울 이문동에 있는 이문동교회는 청년부가 활발하게 성장하고 있는 교회이다. 이문동교회 청년부와 더불어 청년부 전도용 리플렛을 만들기로 했을 때 교회와 디자인 개발팀의 동일한 과제는 버려지지 않는 인쇄 홍보물을 만들자는 것이었다. 그래서 그동안 흔히 보아왔던 교회 인쇄물의 문제점을 진단하고 내린 결론은 제한된 지면에 너무 많은 내용의 말을 담지 말자는 것이었다. 또한 설득력 없는 사진이 주는 부담을 과감하게 버리자는 것과 처음 보는 사람이 어렵게 느끼는 기독교적인 용어를 좀 더 동시대적인 언어로 재구성하자는 것이었다. 여기에 받는 사람들이 좀

새로운 개념으로 접근하여 많은 효과를 거둔 이문동교회 청년부 소개 리플렛

더 가치를 느낄 수 있도
록 고급종이를 사용하
여, 많이 제작해서 쉽게
버리는 것보다는 적게
만들어서 효용가치를
높이고자 하는 의견도
보태졌다.

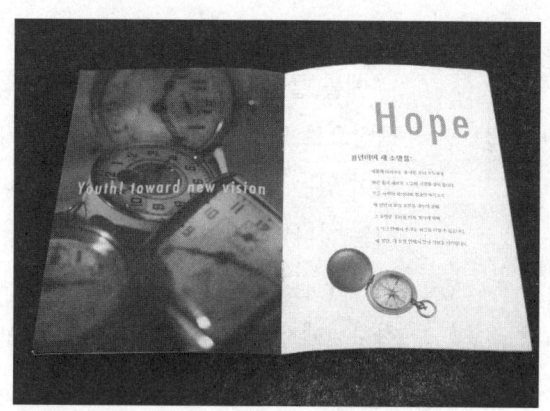

리플렛의 내용은 새
천년의 비전을 담은 시
원한 풍경사진과 젊은이들이 가치있게 여기는 단어들을 기독교
적인 관점에서 완곡하게 풀어서 쓴 표제어와 문안들로 구성되
었다. 그리고 맨 마지막 페이지에 청년부 모임시간과 담당 목회
자 및 스탭을 간략하게 소개하였다.

이렇게 해서 기획 제작된 이문동교회 청년부 리플렛은 외국
어대학교와 그 주변 대학교에서 대학생을 대상으로 전도할 때
배포되었는데 그 결과는 대단히 만족할 만한 것이었다. 무엇보
다도 그 리플렛을 받아본 학생들의 반응이 매우 긍정적이었는
데 받아보는 사람들마다 소중하게 챙겨서 보관하려고 했던 것
이다. 심지어 어떤 학생은 그림액자로 만들기까지 하였다. 지금
도 교회의 목소리를 일방적으로 나열하고 받아보는 사람들의
문화적 경험을 별로 고려하지 않은 채 제작되는 교회의 홍보물
이 많다. 이런 경우 곧 버려지는 것을 보게 된다.

새천년 교회 인쇄 홍보물은 중대한 숙제를 안고 있다. 어떻
게 하면 아름답게 만드는 동시에 복음적으로 만들 것인가? 그리
고 버려지지 않는 매력적인 매체가 될 것인가? 복음적으로 만든
다는 것은 창조주이신 하나님의 자녀답게 창의적이며 자유롭게

디자인해야 한다는 말로 해석하고자 한다.

　예를 들어서 복음적이고 기독교적인 것을 차분하고 어두운 색상으로 연결 지으려는 인식은 우리 나라 교회 안에서 보편화되어 있는 정서이다. 하지만 출애굽기에서 성막을 짓도록 명하시는 하나님께서 지정하신 칼라들을 한번 찾아 보라. 그분께서 얼마나 건강한 칼라를 즐기는 분이신지를 느낄 수 있을 것이다. 하나님께서 지으신 무지개의 칼라는 세상에서 가장 아름다운 색들의 결정체이다. 그리고 우리는 그런 무지개를 만드신 하나님의 사랑을 받고 있는, 그러한 기질을 닮은 자녀들이다.

　새천년 교회 인쇄 홍보물의 칼라는 보다 건강해져야 한다. 가령 어떤 교회를 이끌어 가는 목회자가 교회의 디자인 전반에 걸쳐서 편견을 가지고 제한적인 색상을 고집한다면, 그 교회 성도들은 건강한 색이 가져다주는 기쁨을 경험할 수 없게 될 것이며 그것은 무척 안타까운 일이다. 때론 미학적인 감성이 뛰어난 목회자도 있겠지만 대부분은 자신이 경험한 범위 안에서 만족하면서 교회 디자인을 결정 짓는다. 이것은 민주적이지 못한 결과를 초래하게 될 것이다.

　이런들 어떠하며 저런들 어떠하리 하는 심정으로 교회의 성도들이 문화지킴이의 역할을 소홀히 한다면 앞으로도 지금까지처럼 교회 디자인 문화의 편협함과 빈곤함 속에 머물게 될 것이다. 좀 더 실제적으로 말하자면 교회 디자인이 낙후되어 있을 때 평신도들도 팔을 걷어 부치고 건강하게 참여해야 한다는 것이다. 때로는 교회를 이끌어 가는 목사님의 부족한 영역을 전문가나 그 방면에 재능을 가진 인재들이 교회 전체의 목소리를 잘 대변하면서 새로운 눈을 뜨게 해 주어야 한다는 것이다. 지금까지 한국 교회들의 디자인이 낙후된 것은 전반적인 교회의 무관

심과 몇몇 사람들에 의해서 만들어져 온 관행이 가져다 준 결과
라고 할 수 있다.

스티커는 모든 사람들이 좋아한다

인간이 조형적인 개체라는 것은 널리 주지되고 있는 사실이다. 인간이 조형을 즐기는 이유를 설명한 학설 중에 장식 본능설이 있다. 사람은 누구나 본질적으로 가꾸고 치장하고 붙이는 것을 좋아한다.

원시적인 생활을 하는 사람들일수록 그 빈도가 높은데 우리의 장식 본능을 입증하는 것 중에는 반지나 팔찌, 목걸이 등이 있다.

요즘 어린아이부터 어른에 이르기까지 골고루 좋아하는 것 중에 하나가 '스티커' 이다. 지금도 강남 한복판에 가면 스티커 머신 앞에 모여 있는 사람들이나 자신의 스티커 사진을 온갖 개인의 소장품에 붙이고 다니는 젊은 세대들을 흔히 볼 수 있다. 스티커는 붙였다 떼었다 하는 재미를 주며 장식의 욕구를 만족시키기 때문에 오랫동안 꾸준하게 사랑 받고 있다. 이러한 장점을 교회전도의 도구로 잘 활용한다면 많은 성과를 볼 수 있다. 스티커의 내용은 간결하고 명확한 것이 좋고, 그 모양에 있어서는 붙이는 사람의 기호를 배려하여 제작한다면 더 큰 효과를 거

성장하는 교회 디자인을 깨우다

둘 수 있을 것이다.

신세대들은 모든 것을 기호화하여 해석하는 데 익숙하다. 최근에 폭발적으로 수요가 증가한 'TTL', 'Khai' 등을 생각해 보자. 신세대는 코드화 되고 기호화 된 것을 쉽게 수용하고 즐기는 경향이 많다. 그래서 기독교적인 관점에서 참신하게 적용하는 것이 필요하다.

나눔교회 홍보용 스티커

TNT 27하면 폭단 27 개를 의미하는 것이라고 생각하겠시만 기독교적 관점에서 기호화한 것이라면 The New Testament라고 해석할 수도 있을 것이다. 즉, 신약성경은 27권이라는 뜻이다. 이처럼 젊은 세대에게 익숙한 기호언어에 교회는 관심을 가져볼 필요가 있다.

IMF 당시에 어떤 기독교단체가 계몽적인 내용의 스티커를 몇십만 장 제작해서 배포한 적이 있었다. 그런데 막상 그 스티커를 붙이고 다니는 차를 본 적은 한 번도 없었다. 내용이 주는 부담과 수준 낮은 디자인 완성도, 너무 큰 크기 등이 작용하여 인기 없는 스티커 취급을 받은 것이라고 생각한다. 교회는 무료로 나누어주는 것은 질보다는 양이라는 생각을 하는 경향이 있다. 그러나 그것을 받는 사람의 입장은 좀 다르다. 요즘말로 구태의연하고 촌스러우면 받고 싶지 않고 설령 받더라도 재빨리 버리고 마는 것이다.

교회가 제작해서 나눠주는 스티커도 메시지의 간결함 뛰어난 디자인 등 가지고 싶은 요소를 담고 있어야만 생명력 있는 스티커가 될 것이다. 이런 생명이 담긴 메시지 스티커가 대한민국에 굴러다니는 모든 차량의 창문 뒤에 붙어 있는 것을 한번 상상해 보라. 이처럼 빠르게 메시지가 전달되는 경우가 또 있을런지.

스티커 문화운동은 개신교보다는 천주교에서 더욱 적극적이다. '내 탓이오' 운동의 스티커는 천주교의 이미지를 긍정적으로 이끌어 내는 데 좋은 역할을 하였다.

우리 개신교에서도 새천년에는 놀라운 비전을 제시하는 스티커를 나누어 주어 책에도, 가방에도, 지갑에도, 차량에도 붙이고 다니며 선교의 기능을 발휘하도록 하기를 바란다.

교회에서도 공익광고를 만들자

이태리의 세계적인 의류브랜드 베네통은 기업 철학과 함께 잎으로의 인류가 관심을 가지고 공동적으로 해결해야 할 과제들을 광고를 통해 전 세계에 발표하여 찬반을 거듭하는 큰 반향을 불러 일으켰다. 어떤 사람은 고도의 마케팅 전략에 의한 상업성이 내포되어 있다고 비판하기도 한다. 하지만 인류가 직면하고 있는 에이즈, 환경공해, 마약, 전쟁, 살인, 사형제도, 종교분쟁, 아동 노동력 착취 등의 문제를 표면화시킴으로써 새로운 관심을 불러일으키고 대안을 생각하게 하는 시도였다는 점에서 그들의 창의적인 발상에 박수를 보낸다.

사실 이렇게 인류가 당면하고 있는 문제들에 대해 기독교적 측면에서 신앙적인 대안을 제시하는 신선한 광고들이 제작되어야 할 필요가 있다. 기독교의 본질적인 문제인 한 개인의 영혼 구원이라는 관점에서 볼 때, 이렇게 다양한 측면에서 이 시대 비주얼 언어로 공익성을 띤 광고를 제작해야 할 충분한 가치가 있다고 생각한다.

신문의 지면을 통한 교회나 관련 단체의 광고는 대부분 행사를 알리는 일차적인 목표에서 만들어지는 것이 대부분이다. 이런 광고는 각 단체나 교회를 알리는 목적으로 만들어져 일반인들에게 교회를 좀더 새롭게 소개하는 역할은 하지 못하고 있다. 그리고 광고 안에 사용되어지는 헤드라인이나 카피도 여전히 구태의연한 내용이 대부분이다.

우리가 살아가고 있는 지구촌의 환경을 위해서 나 한 사람부터 주변을 청결하게 하고 절제하는 생활을 할 것을 다짐하는 내용의 광고를 해 보면 어떨런지. 아니면 장애아를 양육시키면서 남들이 모르는 고통을 감수하고 살아가는 사람들에게 용기와 격려를 보내는 이미지 광고도 좋은 소재가 되지 않을까? 가정의 회복을 소망하는 건강한 컨셉의 광고를 해보면 어떨까? 디자인 문화와 더불어 광고에 있어서도 창조적인 발상의 전환이 절실하게 요구되며 구태의연한 기존의 한계를 뛰어 넘어서는 용기

북수원교회 대예배실 벽면에 설치되어 있는 교회의 비전에 대한 대형 메시지 광고 사인

와 실천 정신도 필요하다는 것을 교회는 인식해야 한다.

매년마다 축복 대성회, 신년 축복성회 등 귀에 못이 박히도록 들어온 집회의 명칭은 오늘날 우리 개신교의 현 세태를 간접적으로 보여 주는 듯하여 마음이 무거울 때가 많다. 과연 이런 광고를 보고서 불신자들이 감동받을 수 있을까? 기독교인조차도 냉담한 이 상황에서 이런 외형을 가진 광고를 하는 것은 무모한 기대에 지나지 않는 것이 아닐까?

얼마 전 국민일보에 실린 "Jesus Loves You" 문구의 광고는 정말 신선한 충격이었다. 이 광고를 통해 우리는 기업인의 확고한 선교의지를 느낄 수 있었다. 고려은단이 제작한 이 선교적인 광고는 올림픽대로를 따라서 여의도로 가는 길목에도 대형 빌보드로 실치되어 있다. 이 광고는 이곳을 지나치는 수많은 운전자들이 자연스럽게 예수님을 생각할 수 있게 해준다. 사실 이런 광고는 오늘의 사회를 향하여 교회가 선교의지를 가지고 행해야 할 것이다. 기존의 교회가 하지 못하는 일을 일개 기업으로서 감당하고 있는 그 기업의 앞서가는 선교적 혜안에 찬사를 보낸다.

아직도 구태의연한
교회 주보 디자인을 바꾸자

교회는 일년에 적어도 52번 주보를 만든다. 이 주보는 교회에 가면 가장 손쉽게 접할 수 있는 교회의 홍보매체이며 교회의 얼굴이다. 또한 교회의 흐름을 짐작할 수 있게 하는 교회의 소식을 담고 있다. 이러한 주보가 새천년에는 새 디자인의 옷을 입어야 한다고 생각한다.

일년에 52번 주일을 맞는다는 것은 52번의 예배축제가 드려지는 것을 의미한다. 그 축제를 알리는 인쇄물이 주보이다. 주보의 표지에는 다양한 주제가 표현될 수 있음에도 현재 일반적인 교회의 주보는 너무 획일적이다. 교회에서 예배드리는 사진, 교회건물 전경 사진, 아직 지어지지 않은 교회 조감도, 비둘기 사진, 양무리 사진 등이 대부분이다.

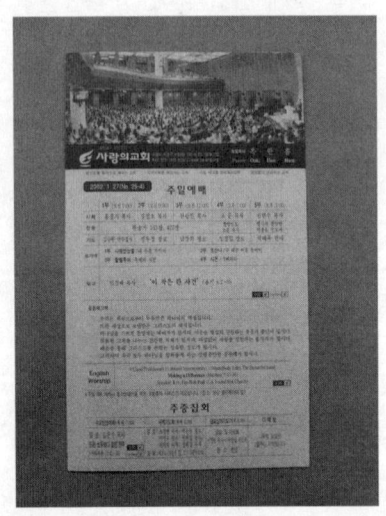

기능적인 내용의 사랑의교회 주보

교회 주보니까 교회 예배 내용이 들어가야 한다는 식의 아이디어 전개는 너무도 매력이 없다. 대부분 이런 주보에는 교회를 있는 그대로 정직하게 알리기보다는 과장하여 보이고자 하는 의식이 담겨 있음을 느끼게 된다. 아직 지어지지 않은 교회의 조감도를 교회주보 전면에 넣은 것을 탓할 수

아름다운 자연을 담아서 참신한 느낌을 전달해주는 북수원교회 주보

는 없시만 왜 그렇게 다른 교회가 하는 방식으로만 모방해서 주보를 만들까 하는 의문은 감출 수가 없다. 교회의 주보 디자인이 쉽게 바뀌지 않는 것은 교회의 경직되고 권위적인 면을 그대로 반영하고 있는 것이다. 물론 교회 내 구성원들의 무관심과 아이디어 부재의 결과일 수도 있다.

예전에 어느 교회에서 CI(Church Identity)를 도입하면서 주보 디자인을 함께 의뢰 받은 적이 있었는데 주보표지에 교회장로들의 사진이 삽입되지 않았다고 주보에 실린 사진을 변경해야한다는 지적을 받았다. 교회주보에 교회 높으신 어른들의 사진이 꼭 들어가야 한다면 그것이 어떻게 교회전체를 담은 주보라고 할 수 있을까? 그렇다면 교인 전체 사진이 주보 표지에 실려야 민주적인 것 아닐까?

교회 주보 디자인은 이제 반드시 변화되어야 한다. 교회 규모의 크고 작음을 떠나서 교회의 모든 구성원들이 깊은 관심을 가지고 적극적인 아이디어 모임을 통해서 교회의 얼굴인 주보

를 변화시키기를 바란다. 교회주보는 불신자들 입장에서 볼 때 하나님의 얼굴을 만날 수 있는 중요한 메시지가 함축되어 있는 커뮤니케이션 매체이다.

이전에 경험했던 교회주보는 기억하지 않아도 된다. 새천년의 흐름에 적합한 주보를 디자인하자. 주보 전면에 성경말씀을 타이포그래피 디자인으로 장식하여 넣을 수도 있고 하나님께서 지으신 자연의 풍경이나 티없이 맑은 어린 아이들의 한없이 맑은 미소를 넣을 수도 있을 것이다.

발상을 전환하는 것은 주보 디자인을 바꾸는 작업에도 적용되어야 한다. 굶주림에 허덕이는 북한 동포의 사진을 담아서 주보를 만들면 보다 겸허한 생활을 해야 겠다는 다짐을 하는 기회로 삼을 수 있을 것이며, 지구촌의 생태계가 위험하게 파괴되어져 가는 사진을 주보에 실으면 함께 걱정하고 기도하는 시간을 가져볼 수 있을 것이다. 일년 52주 매주마다 넘쳐나는 주제로 주보를 디자인해 보자. 아니면 3개월에 한 번씩 봄, 여름, 가을, 겨울을 주제로 삼아 주보를 디자인할 수도 있을 것이다. 문제는 준비된 사람들의 관심이며, 이를 위해서는 교회의 적극적인 지원이 함께 있어야 할 것이다.

5장

교회 디자인 문화를 열어가자

기독교 디자인 문화의 발전은
크리스천의 관심에서부터

교회 디자인 수준이 높아지는 것은 크리스천이 디자인을 보는 시각이 얼마나 높아지는가 하는 문제와 맥을 같이 한다고 생각할 수 있다. 개인적으로는 아직도 기독교 출판물의 표지 디자인이나 본문 편집 디자인 수준이 몇몇 대표적인 출판사를 제외하고는 더욱 개선되어져야 하는 과제를 안고 있다고 생각한다. 물론 이에는 기독교 출판 유통 구조의 문제와 더불어 복합적인 문제가 있다. 가령 책을 사보는 기독교인 독자층이 아직은 두텁지 않고 책 사는 사람들은 대부분 목회자들이나 예비목회자들이라는 점 등을 들 수 있다. 언젠가 대형 기독교 출판사의 담당자와 만나 그들이 공들여 만든 월간 잡지의 정기 구독자수가 너무도 턱없이 부족하다는 이야기를 들었다. 이 잡지는 서울 강남일대 커피숍의 고급 커피 한 잔 값에 지나지 않는 금액임에도 불구하고 저조한 판매를 보이고 있는데, 이를 통해 우리 나라 크리스천들이 책 사는 데 인색하다는 것을 느낄 수 있었다.

하지만 출판물을 만드는 출판사에서도 독자들을 끌어들일

만한 디자인의 변화를 적극적으로 만들어 내야 한다. 요즈음 기독교 출판물들의 책 값은 거의 일반 출판물의 가격과 비슷한 수준을 유지하고 있다고 본다. 하지만 아직도 설득력 없이 한낱 구색 맞추기에 급급한 책표지 디자인에서부터 가독성이 낮은 본문 디자인 등 독자들에게 만족을 주지 못하는 부분도 있다. 이제 내용이 좋으면 겉은 아무래도 좋다는 식의 논리는 설득력이 없다. 보기 좋은 음식이 먹기도 좋듯이 읽기 좋게 디자인되어진 책은 내용을 더욱 빛나게 해준다.

기독교 출판 디자인은 교회 디자인에도 많은 영향을 끼친다. 사실 교회 디자인 문화는 기독교 출판 디자인을 통해 엿볼 수 있다고 생각한다. 새천년에도 영세함을 이유로 기독교 출판 디자인 문화가 답보 상태에 머문다면 교회 디지인이 어떤 통로를 통해서 기독교 디자인 문화의 영향을 받겠는가. 그동안 크리스천을 대상으로 하여 꾸준하게 발전되어져온 기독교 출판사들은 새로운 기획과 참신한 디자인으로 독자들을 배려해야 할 것이다.

또한 크리스천 독자들은 고객의 입장에서 기독교 디자인 문화 감시자의 역할을 적극적으로 감당해야 한다. 적절한 도전과 자극이 없는 출판 디자인 문화 가운데서는 긍정적인 발전을 기대할 수 없다. 예를 들어 책 디자인이나 편집 디자인이 진부할 때는 소리를 한데 모아 이를 건강한 비평과 더불어 출판시에 건의해야 한다. 우리의 기독교 문화에서는 이런 현상이 너무나도 미흡하다. 좋은 디자인으로 독자들에게 이윤을 되돌려주는 용기 있는 출판사들이 더욱 많아 지기를 바란다.

멀티 미디어 예배에도
참신한 디자인을

최근 예배의 개혁을 위한 멀티 미디어 예배에 대하여 교회가 많은 관심을 가지고 있다. 멀티 미디어를 적극 활용하여 일방적 형태를 취해왔던 기존의 예배를 좀 더 보완하고 예배자와 예배 인도자 사이의 커뮤니케이션을 증진시켜 하나님께 더욱 은혜로운 예배를 드리자는 취지인 것 같다.

그런데 이 멀티 미디어 예배에 있어서도 상호 교감을 위한 디자인의 개발이 몹시도 시급하다고 볼 수 있다. 하나님의 인자하심과 그분의 사랑을 느낄 수 있는 시각 요소의 선별도 중요한 과제이다. 오늘날 우리의 교회들은 멀티 미디어 시설에만 관심을 집중시키는 경향이 있다. 시설은 문자 그대로 하드웨어 (Hardware)인 것이다. 그런데 그 하드웨어는 소프트웨어 (Software)가 받쳐주지 않는다면 껍데기에 지나지 않을 수도 있다. 이렇게 장비에만 집중하다 보니 정작 중요한 시각적인 표현은 낮은 수준에 머물고 마는 것이다. 비싼 자동차를 구입해 놓고서 기름을 넣지 않으면 달릴 수 없는 것과 같은 이치이다.

한국 교회는 인쇄매체 디자인에서부터 세련미와 완성도 면에서 일반기업에 못미치고 있다. 이와같이 인쇄매체도 섭렵하지 못하고 있는데 인터넷이나 멀티미디어 디자인에도 그와 같은 미숙한 방식을 답습하고 있는 것이다.

예를 들면 편집 디자인을 뛰어나게 하는 사람들은 그 감각이 홈페이지 디자인에도 자연스레 연결되어지는 것을 자주 본다. 디자인 감각과 색채에 대한 개념이 탁월한 사람들은 영상이나 멀티 미디어 디자인에서도 그 감각을 발휘한다. 좋은 디자인은 어느 분야에서나 서로 통한다는 것을 알 수 있다. 질 높은 인쇄매체 조차 경험하지 못한 교회의 현실 가운데 영상과 멀티 미디어에 집착한다면 기초가 빈약한 가운데 새로운 매체만을 탐닉하는 오류를 범하는 것과 같은 것이다.

지금은 디지털 디자인 시대이다. 디지털 디자인은 감각적인 눈요기를 가능하게 해준다. 하지만 교회에서 그것도 예배 의식 안에서 사용되어야 하는 디지털 디자인은 잘 정제된 후 표현돼야 한다. 너무나 건조한 표현은 자칫 예배에 방해가 될 수 있고 많은 회중들을 디지털의 건조함 안으로 끌고 가는 역할을 할 수도 있다. 교회 디자인이 무분별한 표현을 조절하는 힘을 발휘해야만 한다. 멀티 미디어를 통한 표현에 있어서 현란하고 건조한 디자인적인 요소가 교회 디자인의 표준처럼 되어서는 곤란하다.

어떤 교회가 무언가를 새롭게 시도해서 부흥이 있었다고 하면 정확한 검증이 결여된 가운데 따라하기에 급급한 한국 교회의 현실에서 교회 디자인의 적절한 수준을 제시하는 것은 너무나도 중요하다. 지금의 한국 교회는 디자인에 있어서 개념 정립이 취약한 상태이기 때문에 모델을 제시하는 교회나 기관들의 출발이 중요한 것이다.

또한 먼저 출발하는 교회는 교회 디자인에 대해서 끊임없이 연구 노력하면서 바람직한 대안들을 건강하게 제시해야 한다. 이렇게 적절한 교회 디자인의 수준을 유지하기 위해서는 전문가의 자문과 조언이 필요하다. 문제만 제기해놓고 대안을 찾기 위해 노력하지 않는다면 탁상공론에 지나지 않는다. 다시금 강조하지만 값비싼 장비는 수준 있고 아름다운 교회 디자인을 보장해주지 못한다. 그 장비를 다루는 사람의 영감과 열정, 공교한 솜씨가 중요하다. 멀티 미디어나 인터넷 방송의 장비가 부족한 것이 아니라 사람이 턱없이 부족한 것이다.

최근에 사랑의교회와 온누리 교회는 인터넷 방송에 많은 투자를 하였다. 장비도 많이 구비하였지만 탁월한 사람들이 인터넷 방송에 투입되어서 질 높은 방송을 구현하고 있는 것은 다행스러운 일이라 하겠다. 이처럼 첨단 커뮤니케이션 매체를 선교의 도구로 사용할 때는 내용 면에 있어서 치밀하고 과감한 투자 계획이 요구된다.

그리고 그리스도 안에서 뜨거운 열정을 가지고 성령 충만한 디자인을 개발하여 예배와 선교와 교회생활 전반에 걸쳐서 적용해 나가야 한다.

작은 교회도 할 수 있다

우리 나라에는 교회가 참 많다. 또한 교회의 규모도 많은 격차를 가지고 있다. 몇십 명이 모이는 교회가 있는가 하면 몇천 명에서 몇만 명까지 모이는 교회도 있다. 작은 교회를 목회하시는 목사님들은 큰 교회의 시설과 사역의 방대함에 부러운 시선을 보낼 수도 있다. 또한 큰 교회가 사역하는 방식이 대부분 탁월할 것이라는 믿음을 가지고 있다. 서울의 대형교회에서 어떤 시도가 있었다고 하면 그 교회를 흠모하는 교회들도 따라 할 때가 많다. 그래서 검증되지 않고 체질에 맞지 않는 여러 가지 방법들을 시도하고 경험해보다가 시행착오를 범하기도 한다.

오늘날 성도의 수가 많지 않은 교회들은 디자인을 포함한 문화활동 전반을 대형교회에서만 할 수 있다는 체념을 극복해야 한다. 교회가 작아도 얼마든지 알차고 개성 있는 사역을 시도할 수 있는 것이다. 모노드라마 연기자 장석봉씨가 있다. 그분이 각설이 복장을 하고 모노드라마를 시작하면 참으로 많은 사람들이 감동을 받고 드라마를 통해서 복음을 경험하게 된다. 그분도 별로 크지 않은 교회에 출석하고 있다. 중요한 것은 작은 교회가 가진 달란트를 잘 개발해서 교회의 선교도구로 사용하면 얼마든지 위력적인 사역을 할 수 있다는 것이다.

교회의 홍보를 위하여 인터넷 사이트를 만들 때 사이버상에서 수많은 사람을 대상으로 선교할 수 있다. 탁월한 디자인을 갖춘 사이트라면 많은 사람들에게 호감을 줄 수 있다.

최근 한국 교회의 홈페이지를 보면 교회의 규모에 비해서 미적 완성도나 참신함이 부족한 경우를 많이 볼 수 있다. 반면에 작은 교회이지만 짜임새 있고 자꾸 들어가 보고 싶은 마음이 들게끔 만들어진 교회 사이트도 있다.

무관심한 다수보다 관심이 많은 소수가 결국 큰 일을 이루어낸다. 일년 내내 교회에 다녀도 알고 지낼 수 있는 사람은 극히 제한적인 것이 대형교회의 현실이다. 적은 숫자일지라도 서로를 구체적으로 알아가기 위해 애쓰는 지체의식이 더욱 소중한 때이다. 모이기를 힘쓰는 소수의 무리 가운데서 새로운 교회문화의 지평이 열릴 가능성이 얼마든지 있다.

작은 교회들의 무한한 가능성을 교회 디자인을 통해서 마음껏 알려나갈 필요가 시급한 때이다.

성경 박물관을 만들자

독일 프랑크푸르트에는 수많은 박물관이 있다. 현대미술관, 우편박물관, 바우하우스미술관, 구텐베르그 인쇄박물관 등 유럽에 박물관이 많이 발달해 있다는 사실이 부럽기만 하다. 그런 환경들을 눈여겨보면서 우리의 현실을 생각해본다.

우리 나라의 개신교가 괄목할만한 성장을 한 것은 모두가 아는 사실이다. 그래서 대형교회 건물들이 많이 생겨나고 도시환경의 일부로 자리잡게 되었다. 지금도 큰 규모의 건축이 이루어지고 있는 교회들을 심심치않게 볼 수 있다.

또한 각 교단이 출자하여서 만드는 유선방송이나 언론매체도 많이 생겨나고 있다. 개인적으로 생각하건데 성경의 중요성을 생활 속에서 체험하고 일반인들에게도 알리는 현대적 느낌의 성경박물관을 새롭게 건립하길 바란다. 그래서 성경의 진리로 이 시대를 재조명하고 말씀의 살아있음과 생명력을 홍보해야 한다.

성경이 먼 나라 이야기가 아니라 이 시대의 절박한 요청에 대한 해답이며 모든 사람을 진리 가운데로 인도하는 살아있는 말씀임을 자랑스럽게 알려나가야 한다. 자라나는 꿈나무들이 성경의 권위를 어릴 때부터 인정할 수 있도록 이런 성경박물관을 자주 찾게 해준다면 얼마나 큰 산 교육이 되겠는가

최근 들어 예수님의 생애를 재조명하고 그분의 탁월함을 선포하는 책들이 많이 출간되고 있으며 일반인들도 많은 관심을 가지고 읽고 있다. 이 책들은 이 시대의 언어로 성경을 재조명하여 막연히 생각해 왔던 예수님에 대한 편견을 해소하는 데 큰 역할을 하고 있다.

사실 성경을 모르는 사람은 드물 것이다. 그런데 성경에 진지하게 접근하도록 하기 위해서는 성경박물관을 통해서 보다 자연스럽게 말씀의 다양한 내용과 그것을 지금의 삶 속에 접목시켜 갈 수 있는 방법을 제시해야 한다고 생각한다.

성경이 세상에 많이 알려져야 함은 재론의 여지가 없다. 그래서 더욱 현대적 개념의 성경박물관이 필요하다. 수많은 사람들이 문제의 해답을 성경 속에서 찾을 수 있도록 성경박물관이 활용될 수 있기를 기대해 본다.

연장 탓만 하는 사람들

우리가 익히 알고 있는 속담 중에 실력 없는 사람이 연장 탓만 한다는 말이 있다. 요즈음 이런 현상은 우리 주변에서 흔히 볼 수 있다. 최근 들어 교회 안에서도 물량주의에 편승하듯이 무조건 좋은 연장을 앞다투어 사들이는 경향이 있다.

얼마 전 어느 대형교회의 한 부서에서 프로페셔널한 디자이너들조차도 쉽게 가져보지 못하는 최신형 컴퓨터 그래픽 장비를 자연스럽게 사용하고 있는 것을 보았다. 그런데 그 장비는 일주일에 며칠만 사용되고 있었다. 무조건 좋은 장비만 들여놓으면 좋은 결과를 얻을 것이라는 과신이 가져다주는 과소비의 행태가 교회 안에도 어느새 자리잡은 것을 보면서 안타까운 마음이 들었다.

인터넷 방송에 천문학적인 예산을 들여서 장비를 투입하고 사람을 동원했음에도 불구하고 전반적인 디자인 수준은 실망스러운 수준에 머물러 있는 한 교회를 알고 있다. 일반적인 논리로 충분한 예산이 투입된 프로젝트의 디자인 수준은 대체적으

교회 디자인 문화를 열어가자

로 높아지기 마련이다. 인터넷 장비에 대한 정확한 검증 없이 풍부한 교회예산으로 사 놓고는 충분한 활용이 이루어지지 못하고 있는 것이다.

시대가 바뀌어 장비의 성능에 따라 많은 결과가 달라지기도 하지만 장비 지향적이기보다는 다루는 사람 지향적인 구조로 바꿔어 가야만 한다. 교회 안에서 소위 말하는 "사역"을 하다 보면 자신이 경험하지 못한 잘 모르는 부분에 대해 인정하고 받아들이는 일에 익숙하지 않은 경우가 있다. 그래서 비전문가들임에도 불구하고 전문가의 조언을 실제적으로 수용하지 못한다. 때로는 교회 안에서도 자신의 모자람이 드러나는 것을 싫어하고 변화에 둔감해지려 한다. 교회는 준비된 전문가들이 어디에 있는지에 대한 정확한 정보가 결여되어 있고, 정체된 부분이 여러 부분에서 드러나는 경우도 많이 있다.

적어도 한국 교회에 영향력을 끼치는 교회들의 인터넷 방송은 검증되어야 하며 자체적인 충분한 스터디와 외부 전문가 그룹의 자문이 체계적으로 이루어져야 한다. 마치 학예 발표회를 오케스트라의 연주 수준으로 오해하는 것과 같은 교회 디자인 문화의 주소를 바꿔야 한다.

열악한 환경과 부족한 재정으로 시작하는 작은 교회들의 인터넷 방송은 디자인의 개념을 충분히 적용하기에 한계가 있기 마련이다. 하지만 수억에서 수십 억까지 들여가면서 시작한 인터넷 방송은 적어도 그 예산 규모에 합당한 디자인 수준을 유지해야 한다. 이것은 준엄한 책임인 것이다. 교회예산은 성도들의 피땀 흘린 수고로 드려지는 헌금으로 집행된다. 그런데 최첨단 매체를 선교적 도구로서 활용한다는 조급한 명분만 가지고 엄청난 예산을 비효율적으로 낭비한다면 얼마나 아쉬운 일인가.

교회가 대형화 될수록 누구도 이런 현상을 책임지려 하지 않는다. 만일 수업료 한 번 지불했다는 생각에 머무르고 만다면 그 책임은 누가 져야 하는가. 이제 교회는 전문인 평신도를 적극 활용해야 한다. 전문인들에 대한 정확한 정보와 그들이 발휘할 수 있는 효율적인 능력을 통하여 선교적인 환경 안으로 과감하게 뛰어들어야 한다.

최근 들어서 대형교회들이 앞다투어 선교적인 명분을 내세우는 인터넷 선교방송기관에 적지 않은 투자를 해주는 경우가 많이 있다. 그런데 그 기관의 홈페이지 디자인은 열악하기 그지없다. 도대체 무엇을 보고 감동 받으라는 이야기인지 알 수가 없다. 교회로부터 재정지원을 받아서 어디에다가 우선 순위를 두고 투입한다는 말인가. 직어도 알아본 바에 의하면 가장 중요하다고 할 수 있는 디자인 영역에는 극소수의 사람이 참여하고 있고 그들이 표현해내는 디자인의 조형성과 완성도는 대체로 미흡하다. 우선순위가 혼동되고 있는 것이다. 자주 보아 오듯이 내용만이 중요하다고 강조하는 사람들이 범하는 오류가 여기에 있는 것이다. 내용이 중요하다면 굳이 최첨단 디지털 매체를 고집할 이유가 있는가? 인터넷을 선교도구로 선택했다는 것은 이 급변하는 시대를 많이 의식하고 있다는 증거가 아닌가? 그렇다면 왜 디자인을 이토록 소홀히 하는가? 이제 예산이 부족하거나 선교방침에 많지 않다거나 목사님들이 싫어해서라는 말은 별로 설득력이 없다. 인터넷 선교방송은 전체 크리스천과 관심 있는 일반인을 대상으로 하는 매체이기에 어느 한 두 사람의 취향을 수많은 대중에게 전달해서는 안되는 것이다. 만일 그렇게 하고 있다면 많은 사람들의 지속적인 방문을 기대하기가 어려울 것이라고 생각한다.

분명한 사실은 인터넷을 통하여 선교의 새로운 영역이 땅끝까지 확장되어가고 있다는 것이다. 그래서 관심 있는 교회들은 앞다투어 인터넷을 선교 전방에 배치시켜가고 있다. 따라서 선교를 표방하는 인터넷은 매력적인 요소를 가져야 하며 무한한 선교대상이 출입하도록 유도할 수 있어야 한다. 탁월한 내용의 컨텐츠와 다양한 볼거리, 사람의 마음을 사로잡는 시각적인 시도가 이루어져야 한다. 이런 준비 가운데서 디자인의 활용이 본질적으로 이루어져야만 한다.

세상을 다스리기 위한 디자인 전략

업에서는 전략(strategy)이란 단어를 자주 사용한다. 듣기만 해도 긴장이 되는 단어이다. 그런데 이처럼 다양화된 시대에 사는 우리에게는 모든 일에 전략이 필요하며, 크리스천 문화와 교회 문화 또한 성령의 이끌림 안에서 더욱 지혜로운 전략이 필요하다. 다시 말해 모든 일에는 어떤 윤곽을 잡는 것이 중요하며 우리가 가진 복음의 위대함을 사람들에게 알리는 것에도 이러한 개념이 적용돼야 한다는 것이다.

얼마 전에 몇몇 기독교 음반 기획사들이 문을 닫았다는 소식을 들었다. 반면에 최근 어떤 CCM가수의 음반이 일반 음반 기획사에서 제작되어 많은 판매가 이루어졌고, 또한 그 음반과 연계하여 콘서트를 가졌는데 연일 매진되는 사례가 있었다. CCM가수의 뛰어난 가창력과 기획사의 과감한 투자 및 철저한 기획이 이러한 결과를 가져오는 것이다. 은혜롭게 기획하는 것과 주도 면밀하게 기획하는 것이 조화를 이루지 못할 때가 많은데, 기독교 문화 역시 우리 크리스천을 대상으로 설득해 나갈 때 전략이 필요하다. 은혜를 내세워서 우리 편이 되어 줄 것이라고 생각하는 것은 타당하지 못하다.

최근 들어 열풍이 불고 있는 인터넷 선교도 마찬가지이다. 우연한 기회에 각 업체 대표 몇 사람을 만난 적이 있었는데, 그분들 모두가 한결같이 기독교 최고의 커뮤니티에 대한 자부심을 가지고 있었다. 하지만 전반적인 디자인을 볼 때 탁월한 개성을 가진 사이트가 드문 실정이었고, 비슷한 느낌으로 일관하는 것을 보면서 디자인 철학의 결핍을 느끼게 되었다.

기독교 문화가 설득시키고 이끌어 와야 할 대상은 우선 크리스천인 것이다. 크리스천끼리 서로 설득시키지 못한 채 세상을 설득시킨다는 것은 아이러니다. 우리 모두가 크리스천 문화를 위하여 치밀하고 열심 있는 기획자의 자세를 갖추어야 할 때이다.

환경 디자인의 주체가 되어야 할 교회

외국을 나갔다가 돌아올 때마다 느끼는 게 있다. 공항에서 서울 도심으로 들어오나 보면 삭막한 느낌이 든다. 우리 나라의 얼굴인 그 진입로를 보면 서울을 제대로 알리기에 너무 부족하다는 것을 느낀다. 보이는 간판은 사철탕, 음식점 등 썰렁하기 그지없다.

우리는 교회의 디자인을 말하기 전에 우리 나라 디자인 전반의 수준을 이해할 필요가 있다. 사실 우리는 디자인의 질적 수준을 말한 지 그리 오래되지 않았다. 원래 우리 나라의 문화전반에 걸친 상당 부분이 개신교를 통하여 보급되었으나 지금은 교회가 세상의 문화적 모델을 수용하는 분위기가 되어 있다. 하지만 나라 전체의 문화적 질을 논할 때 우리 교회가 할 수 있는 영역은 광범위하다고 생각한다.

앞으로 우리 나라의 시각 환경을 염려하고 책임져야 할 주체는 교회이며 크리스천이다. 우리 나라의 기업들에게 시각 환경의 해결책을 기대하기에는 그들은 너무 이기적이며 이익이 되지 않는 것에는 절대로 투자하지 않으려고 하기 때문이다. 이제

세련되게 디자인 되어 있는 서울 부활의교회 정문사인

열악한 우리 나라의 시각환경을 개선해 나가는 데 교회가 관심을 기울여야 한다. 교회의 주변에서부터 생명이 담긴 메시지를 시각화하여 배너나 포스터로 만들어야 한다.

우리는 누가 뭐라 해도 주의 백성들이다. 가장 탁월하신 디자이너이며 만물의 창조주이신 하나님의 자녀들이다. 우리는 원래 그 탁월한 디자인의 능력을 하나님으로부터 제공받았다. 우리가 바로 서서 정확한 방향을 제시하지 않으면 거대한 세상의 표현 속에 감금당할 수밖에 없다. 우리 나라를 여러 모로 아름답게 정리하고 개선해 나가야 하는 책임을 다시 한번 느낀다.

우리는 가능하면 교회를 아름답고 정돈되게 꾸며야 할 이유가 있다. 우리 나라에는 많은 교회가 있다. 한 건물 건너서 교회, 빌딩 사이에도 교회, 지하에도 교회가 즐비하다. 이 많은 교회가 공교한 디자인을 적용하는 데 관심을 가진다면 그만큼 나라 전체가 정리되어 보일 것이다. 반대로 교회가 시각환경을 개선하는 주체로서의 역할을 소홀히 한다면 그만큼 나라 전체의 디자인이 낙후되어 보일 것이다. 하다 못해 교회의 간판디자인과 교회이름의 글자체만이라도 정리해서 부착한다면 시각적인 환경에 미치는 효과가 클 것이다. 서울 도심 골목길 전신주에는 어지럽게 붙어있는 교회 방향표시 간판을 쉽게 볼 수 있다.

정리되어 있지 않은 디자인이 주는 불신감은 상당히 커서 교

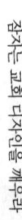

회가 제각기 자기 교회만 열 내어 홍보한다는 느낌을 받기 쉽
다. 교회들이 홍보하고 알려야 할 내용은 살아계신 하나님이시
며 복음인 것이다. 하나님 나라의 큰 비밀을 미리 맛보게 하는
내용을 담아 세상에 보여주어야 한다.

진정한 문화 리더십

금세기 가장 위대한 경영자로 손꼽히는 GE(General Electric)의 잭 웰치 회장은 이렇게 말했다. "나는 가능한 직원에게 모든 것을 투자한다. 그들에게 권한을 주고, 자원을 분배하고, 그들이 알아서 일하도록 환경을 제공한다. 인간의 아이디어는 무궁무진하다. 우리가 할 일은 그 창조의 샘을 두드리는 것이다. 내가 좋아하는 단어는 창조이다. 그리고 창조는 모든 사람이 중요하다는 믿음에서 비롯된다."

그는 리더의 조건에 관해서는 이렇게 말했다. "리더는 자신의 비전을 팀의 비전으로 만들 수 있어야 한다. 그리고 다시 팀의 비전을 자신의 비전으로 삼을 수 있는 사람이어야 한다. 리더란 개인적으로 무한한 에너지를 가진 사람이다. 동시에 다른 사람에게 그 에너지를 불어넣을 수 있어야 한다. 그리하여 그들이 글로벌 차원에서 최선을 다할 수 있도록 이끄는 사람이다."

교회나 크리스천 사회 안에서도 이런 원리를 적용하면 어떨까? 교회에서 사람에게 투자하는 것은 참으로 가치 있는 일이다. 많은 지체들이 자발적으로 사역에 참여할 수 있는 평신도

사역의 중요함을 우리는 알고 있다. 그들이 하나님께서 허락해 주신 창조의 샘을 마음껏 두드릴 수 있도록 환경을 열어주어야 한다. 교회 교육 현장의 전문가들도 교회가 사람을 더욱 구체적으로 키워나가야 한다는 데 뜻을 같이하고 있다.

진정한 문화 리더십은 하나님의 창조적인 능력을 공급받는 가운데서 가능한 것이다. 지금도 하나님은 우리가 그분의 품 안에서 마음껏 상상하기를 원하신다.

교회문화로서의 캘린더 디자인

우리는 흔히들 교회 캘린더 하면 떠오르는 몇가지 추억이 있다. 매년 마지막 날 드리는 송구영신예배 후에 의례 구역별로 새해 캘린더를 선물 받았다. 캘린더의 그림은 어김없이 예수님의 얼굴이 그려진 성화나 붓글씨로 된 성경말씀이 대부분이었다. 다소 발전된, 사진으로 된 캘린더의 그림은 성지순례나 자연 풍경 등이었다. 그리고 캘린더 아래 하얀 여백에는 교회의 이름이 인쇄되어져 있었다.

그런데 이런 캘린더가 한 해가 다 지나도록 걸려있음으로 인해 주는 효과가 있다. 예수님의 모습을 성화에서 보는 형상으로 무의식가운데 믿게 되는 것이다. 또한 성화가 우리 기독교 문화의식 저변에 깔려있게 되는 것이다. 엄밀하게 말한다면 예수님께서 그런 성화의 모습이라는 것은 우리의 기대이지 사실은 아닐 수도 있다. 재림하셨을 때 예수님의 모습이 성화에서 보던 모습이 아니라면 얼마나 당황스럽겠는가.

그동안 우리 크리스천들은 독자적인 형태의 소위 개성 있고 감성 넘치는 캘린더를 구매했다기보다는 캘린더 제작회사가 내어놓는 상품에 일방적으로 의지하면서 구매해 왔다고 해도 과언이 아니다. 철저하게 교회 캘린더 제작회사의 제작의도에 길들여져 온 것이다. 어쩌다 개 교회의 비전에 적합한 독자적인 캘린더를 만들려다 보면 부담스러운 비용 때문에 머뭇거리게 된다.

이렇게 개성없는 교회 캘린더의 디자인에 대하여 실무 제작자에게 질문을 한 적이 있었다. 대부분 한결 같은 이야기는 기독교인의 눈높이에 맞추어야 팔린다는 것이다. 하지만 그 말에는 모순이 있었다. 자신들의 의도대로 제품을 개발해 놓고서 그것이 고객의 취향이라 말하는 것은 무책임하다고 생각한다. 이렇게 장황하게 설명을 한 것은 결국 교회 캘린더 디자인의 수준을 좀더 개신하자는 의도에서이다. 이제 교회 캘린더는 교회문화의 단면을 표현하는 의사소통의 수단이 되어가고 있으며 생활의 필수품이기도 하다. 캘린더에 그려진 어린 양을 들고 서계시는 예수님의 모습에서 더 이상 위로 받는 시대가 아니라고 생각한다. 좀더 다양한 표현으로 각 세대별로 공감할 수 있는 캘린더 디자인을 개발하는 것이 절실히 요구된다. 거실에는 진부한 성화나 성구 캘린더가 걸려 있고 젊은이들의 방안에는 최신 유행의 팬시 캘린더가 걸려있는 대립을 극복할 수 있는 새로운 교회 캘린더가 출현해야만 한다.

아무쪼록 가까운 시일 안에 새로운 디자인과 공감대를 이어주는 신선한 시도들이 교회 캘린더 안에도 적용될 것을 기대해 본다. 그리고 교회 안에도 창의적이면서도 크리스천의 컨셉을 가지고 있는 신선하고 세련된 캘린더를 손꼽아 기다리는 사람들이 많이 있다. 이것을 기독교 캘린더 회사들은 꼭 기억해 주기를 바란다.

캐릭터에 열광하는 아이들

교회에 다니건 다니지 않건 간에 요즈음 아이들이라면 너나 할 것 없이 캐릭터에 관심이 많다. 도대체 아이들이 캐릭터에 열광하는 이유가 무엇일까? 오늘날 대중매체가 지닌 위력을 새삼 언급하지 않더라도 심각한 증상임에는 분명하다. 만화영화의 주인공은 다시 캐릭터 상품화 되어서 날개 돋힌듯 팔려나간다. 적어도 크리스천 가정의 어린이들이라면 다윗과 솔로몬, 노아, 요셉, 여호수아, 바울, 모세 등 위대한 성서의 인물들에 열광해야 하지 않을까. 성경의 인물들이 무거워 보인다면 하나님이 만드신 과일이나 자연의 이미지에 관심을 가지도록 독려하면 어떨까?

이 세대의 아이들은 하나님의 품안으로 돌아갈 수 있어야 한다. 그리고 자연 안에서의 위대한 생명력을 맛보아야 한다. 늘 괴물 같은 인형이나 괴물이 등장하는 만화나 영화를 보면서 괴물을 흉내내고 닮아 간다면 이

또한 얼마나 심각한가. 아이들이 성서적인 인물들과 영웅들을 닮아가고 싶어하도록 캐릭터 디자인 분야를 개척해 나가는 것이 필요하다. 성서의 위대한 사람들을 캐릭터로 만들어서 그 사람의 이름을 한 번이라도 더 기억한다면 언젠가는 아이들의 인격형성에 도움이 될 것이다.

일반 시장에서 판매중인 캐릭터 주인공들의 이야기가 담긴 상품들

교회는 이런 영혼들이 하나님의 사람들에게 매료되고 닮고 싶어하도록 도와주어야 한다. 하나님 앞에서 거룩한 눈물과 감격을 경험하지 못하고 연예인들 앞에서 눈물을 흘린다면 그것은 우리 크리스천 문화 전반의 해결 과제이며 실제적인 문제가 되는 것이다. 포켓 몬스터 보다는 포켓 노아나 포켓 데이비드가 더욱 좋지 않을까.

우리의 아이들은 새로운 캐릭터에 열광하고 있다. 캐릭터를 성경에 기초해서 만들 수 있다면 교회와 전문가들이 함께 머리를 맞대고 고민해 볼 가치가 있다고 생각한다.

달란트를 받은 자의 책무

얼마 전에 가진 자의 책무에 관한 글을 읽은 적이 있다. 하나님으로부터 조금이라도 많은 것을 받은 자는 그만큼 베풀라고 많이 주신 것이라 생각한다. 우리는 삶의 여정에서 각자 다른 재능을 부여받았을 따름이다. 일반적으로 쟁이 기질을 가진 아티스트가 많은 부를 누리기는 결코 쉽지 않다. 물론 부와 명성을 한꺼번에 소유한 예술가들이 있지만 일반적인 예는 아니다. 결국 이 땅에서 어떻게 균형을 유지하느냐의 문제이다. 디자인의 특성상 많은 자료와 다양한 시각적 경험, 새로운 컴퓨터 장비 등 적지 않은 물질이 필요하다. 또한 전문서적의 가격은 보통 단행본 책 값의 열 배 이상으로 고가이다. 디자인을 머리 조금 쓰면 누구나 할 수 있다고 생각한다면 그것은 진짜 디자인을 이해하지 못하는 데서 오는 오해이다. 하나님 나라를 세워 가는 데 우리의 역할이 각자 다를 따름이다. 어떤 재능이 더 중요한지 가리기 보다 각자의 재능이 하나로 모여지는 것에 더욱 관점을 맞춰야 한다.

디자인은 교회 안에서 전문사역의 한 부분으로 이해되어지고 시도 되어야 한다.

　디자인에는 관심 어린 지원과 전 교회 공동체적 차원에서의 육성이 필요하다. 디자인을 하고 싶어도 기회가 없어서 포기하는 사람도 많다. 그들이 크리스천이라면 교회가 도울 수 있는 절호의 기회이다. 그리고 그들이 거룩한 부담을 느낄 수 있도록 디자인 사역을 목표로 양육해야 한다. 또한 여러가지 여건이 순조로워서 디자인을 공부하게 된 사람들은 그런 환경을 인도하신 하나님의 계획에 거룩한 부담과 책임을 느끼면서 제2, 제3의 디자이너들을 양성해야 한다. 왜냐하면 지금 현재 하나님 나라를 위해 준비된 디자이너가 절대적으로 부족하기 때문이다. 또한 디자인을 통해서 교회에 도움을 주며 나누고 싶은데도 어디서부터 시작해야 할지를 몰라서 고민히는 사람들도 많이 있을 것이다. 이들이 공동체 안에서의 소명을 확인하고 일할 수 있는 기회를 가질 수 있어야 한다.

크리스천 디자이너의 비전 선언문

창 조주 하나님의 자녀로서 재창조의 열정과 헌신을 소유한 크리스천 디자이너의 비전 선언문을 제시해 본다. 이것은 디자인을 사역의 하나로 생각할 수 있도록 확인시켜 주며 독려해 줄 수 있다고 생각한다.

▶ 우리는 디자인을 통하여 하나님 나라의 아름다움을 전한다.

▶ 우리는 창조적인 재능과 헌신을 하나님께 드린다.

▶ 우리는 영원한 창조의 근원이 하나님이심을 고백한다.

▶ 우리는 디자인을 통하여 교회문화 혁신의 장을 열어간다.

▶ 우리는 디자인으로 모든 크리스천들을 섬기고 새로운 디자인을 보여주며 계몽시킨다.

▶ 우리는 소명 있는 크리스천 디자이너들을 발굴하여 하나님의 방법으로 양육시킨다.

▶ 우리는 하나님 나라를 알리고 선포하는 일에 중요한 쓰임을 받는 존재들이다.

▶ 우리는 세상의 시각 문화를 영적으로 이끌어 나갈 책임자

들이다.

▶ 우리는 성령 충만한 가운데 영감 넘치는 디자인을 보여주어야 한다.

▶ 우리는 디자인을 통하여 세상을 다스려야 한다.

▶ 우리는 디자인에 대한 편견과 무관심에 의해서 나약해지지 말아야 한다.

▶ 우리는 모든 아름다움의 극치는 하나님이심을 고백한다.

신선한 이미지로 복음을 전하라

하나님은 인간에게 모든 것을 볼 수 있는 눈을 주셨다. 우리는 사물을 봄으로써 많은 정보를 습득한다. 우리가 사는 공간 안에서 시각적 요소는 가볍게 여길 수 없는 의미를 제공한다.

간단한 예를 생각해 보자. 자동차를 운전하다보면 뒤에 오는 차가 경적을 울릴 때가 있다. 이런 시끄러운 경적소리를 자주 경험하다 보면 무감각해져 버리고, 경고의 소리는 본래의 기능을 발휘하지 못하게 된다. 그런데 언제부터인가 경적소리 대신에 헤드라이트 불빛이 번쩍이는 것에 경고의 느낌을 받게 되었다. 이미지가 소리보다 더 강한 효과를 보여주는 예이다.

단순한 비교일지 모르나 이제 더 이상 교회 다니는 사람들의 익숙한 말소리에 세상 사람들이 쉽게 감동받지 않는 것 같다. 지금은 비슷한 말만 되풀이할 때가 아니라 정중하게 보여 주어야 할 때이다. 세상을 향하여 하나님께서 어떤 메시지를 전하고 계신지 보여 주어야 한다. 교회가 말만으로 세상을 향해 요청하는 것은 쉽지 않은 시대이다. 잔소리로는 사람의 마음이 쉽게 변하지 않는다. 시각적인 느낌에 마음을 여는 경우가 많은 것이 지금의 시대이다. 하나님께서 지으신 모든 창조물들은 잔잔하게 때론 놀랍게 우리에게 이미지로 다가온다. 하늘은 높고 바다는 깊다고 말하면서 실제로 하늘과 바다를 볼 수 없다면 얼마나 이해할 수 있겠는가.

이제 우리는 복음을 세상에 외칠 때 시각적인 이미지의 사용을 적극적으로 고려해야 한다. 또한 이 이미지는 사람들이 설득될 수 있도록 세련되면서도 의미가 담겨 있어야 한다. 사람들의 허전한 마음을 채워주는 생명이 담겨 있어야 하며, 때로는 기쁨과 꿈을 줄 수 있어야 한다. 사람들은 자신들의 수준에서 교회의 진정한 의미를 보고 싶어한다. 교회는 그동안 충분히 보여주지 못했지만 이제는 디자인이라는 조형 행위 안에 복음의 진리를 담아서 사람들에게 보여주어야 한다. 그것이 교회의 적극적이고 진지한 사명이 되어야한다.

목동 지구촌교회 내 식당 입구에 있는 메시지 디자인

크리스천 메시지포스터를 만들자

메시지포스터는 신앙에 힘과 동기를 주는 활기찬 내용으로 만들어지는 포스터이다. 우리는 그동안 교회 안에서 각 부서나 기관의 행사를 알리는 내용의 포스터를 만들어 본 경험이 있다. 이것은 필요에 의한 자발적인 제작의 형태를 취해 왔다. 메시지포스터는 단기적인 작업이 아니다. 긴 기간 동안 성도들을 독려하고 새로운 믿음의 동기와 결단을 직간접으로 제공하는 역할을 한다. 다시 말해서 목사님이 설교하시는 내용을 시각적으로 반복하여 성도들이 묵상하도록 돕는 역할을 하는 것이다.

우리는 일주일에 한 번 들은 설교로 영적 상태를 건강하게 유지해 나가기에 힘든 복잡한 현실 속에 살아가고 있는 것이 사실이다. 반복적으로 영적 학습을 해야만 말씀이 가슴 속에 깊이 자리잡을 수 있다.

메시지포스터는 우리의 영적 전투를 도와주고, 시각적 상징을 가지고 우리가 처한 위치를 확인할 수 있도록 돕는 역할을 할 수 있다. 전쟁터에서 깃발의 신호를 보고 적진을 향해 달려

나가듯이 말씀이 담긴 메시지포스터는 우리에게 영적 신호등의 역할을 할 수 있다. 이제부터 메시지포스터를 디자인하고 만들어서 활용해 보자.

예수님의 위대하심을 표현한
메시지 포스터

◆ 크리스천 메시지포스터의 디자인 컨셉
　－ 건강한 크리스천의 모습
　－ 세상 속에서의 우리의 역할에 대한 바른 이미지
　－ 교회 안의 사역에 대한 계몽
　－ 21세기 사회 문제에 대한 신앙적 진단
　－ 크리스천, 비크리스천 모두가 공감힐 수 있는 성경내용
　－ 교회 공동체의 비전
　－ 어두운 세상을 궁극적으로 밝히는 참빛
　－ 천지만물의 아름다움을 환기시키는 이미지
　－ 지구촌 환경에 대한 시대적 각성
　－ 교회 안의 새로운 문화 환경에 대한 대안 제시
　－ 긍정적이며 헌신적인 신앙인의 모습
　－ 시대를 향한 크리스천의 역할

◆ 크리스천 메시지 포스터의 장점
　－ 강력한 시각 메시지 기능을 가지고 있다.
　－ 새로운 크리스천 문화로서 공감대를 확산시킬 수 있다.
　－ 진부한 크리스천 시각 문화의 대안으로 사용될 수 있다.
　－ 손쉬운 설치로 부착되는 공간이라면 어디에서든지 메시지

확산이 가능하다.

– 창조적이고 새로운 크리스천 시각 문화를 제시하여 젊은
층을 향한 새로운 복음 전달의 기능을 수행할 수 있다.

◆ 크리스천 메시지 포스터의 효과

– 성경적, 복음적 관점에서 비주얼 메시지를 전달하여 크리
스천의 전체적인 공감대를 형성한다.

– 신앙생활의 유익함을 나누는 미디어의 역할을 한다.

– 교회 안에 새로운 디자인 문화 공감대를 확산할 수 있다.

– 디자인을 통한 시각 선교의 기능을 제공한다.

바이블 타이포그래피

바이블 타이포그래피는 새로운 커뮤니케이션 디자인의 장르리고 할 수 있다. 하나님의 말씀이 문자로 기록된 것이 성경이다. 타이포그래피는 보이지 않는 '말'을 문자를 가지고 보이게 표현하는 것이다. 보이지 않는 수많은 생각을 문자 안에 담을 수 있다. 타이포그래피 안에는 다양한 표정이 숨어 있다. 소중한 하나님의 말씀이 타이포그래피와 만날 때 영감 넘치는 메시지가 드러난다. 바이블 타이포그래피는 하나님의 살아 있는 말씀을 이 시대 커뮤니케이션 통로 안으로 흘러가게 하는 것이다. Type과 연관되어 드러나는 새로운 시각 메시지이다.

이제 말씀은 골방 안에서부터 세상으로 펼쳐져 나와야 한다. 우리가 가진 성경책 속에만 머물러 있을 말씀이 아니다. 이 세대를 향하여 소리치며 외치는 말씀으로 표현되어져야 한다. 그동안 우리에게 익숙했던 것처럼 전도지 안에 장식적 요소로 몇 구절 적혀 있는 것이 아니다. 세상을 향하여 직격탄을 쏘는 살아 움직이며 생기 넘치는 말씀으로 표현되어야 한다. 디자인은 디지털 개념과 만나면서 이제 단순히 종이 위에 머물러 있던 과거의 개념을 벗어나게 되었다. 디지털 디자인은 선하고 거룩한 도구로 사용되어져야 하며 바이블 타이포그래피는 성경 안에서 무한한 디자인의 주제를 만나게 된다. 멀티 미디어시대에 하나님 나라의 말씀을 세상에 널리 알릴 수 있는 새로운 도구로 바이블 타이포그래피를 적극 사용하자.

우리 주위를 돌아보면 세상의 디자인이 가지는 한계는 분명히 있다. 눈요기하기엔 충분하지만 메시지가 약하며 깊은 영감을 찾아보기가 힘들다. 단지 멋있어 보이는 미적 경험을 탐닉하는 데 치우치고 있다. 그러나, 오늘 우리의 교회 디자인이 앞세우는 가치는 분명히 다르다. 영성과 생명과 영속성의 가치가 담겨있다. 그 가치를 우리의 좁은 경험 안에서만 찾을 것인가. 그것은 곧 한계에 봉착하게 될 것이다. 우리의 디자인을 더욱 풍성하게 해 줄 영원한 가치는 성경 안에서 분명히 찾을 수 있다. 바이블 타이포그래피는 하나님께서 지금의 디자이너들에게 주신 아이디어임과 동시에 귀한 선물이다.

잠자는 교회 디자인을 깨우라

212

6장

교회 및 선교기관 디자인 개발 사례

왕성교회

왕성교회는 관악구 신림동에 위치한 성도 일만 명 이상의 대형교회로서 과천 지역에 새로운 교회 당을 건축하며 선교를 준비하고 있는 교회이다.

이 교회는 1997년에 교회 시각 이미지 작업을 도입하였다. 교회 이름처럼 크게 흥왕하는 교회의 이미지에 부합되도록 심벌이 디자인 되었고, 교회의 대외적인 활동에서 효율적으로 사용하기 위해서 배너를 디자인하였으며, 어린이 주일학교에 다양하게 적용하는 것을 목표로 캐릭터를 도입하였다.

왕성교회의 캐릭터는 주일학교나 교인들 사이에서 친근한 교회 이미지를 구축하는 데 도움을 주고 있으며, 대외적으로 교회를 홍보하는 데 효과적인 시각도구로 잘 사용되고있다.

왕성교회 CI는 교회주보, 헌금봉투, 각종 홍보 인쇄

물, 차량용 스티커, 배너, 차
량사인 등에 적용되고 있다.

왕성교회 CI 작업 당시 캐
릭터 요소에 관한 중요성을
제안하여 개발 항목에 삽입시
켰는데 이것은 한국 교회에서
는 그동안 시도하지 않았던 것으로 교회 시각 문화의 발전을 위
한 새로운 시각적 접근의 가능성을 검증하는 좋은 기회가 되었
다. 왕성교회 CI는 개발기간으로 5개월이 소요되었으며 교회 당
회에서 3차례에 걸쳐 심의를 받았고 전체적인 의견을 수렴하여
디자인 최종안이 결정되었다. 교회는 이 과정을 통해 시각 이미
지의 중요싱을 함께 공감하는 좋은 경험을 가졌다.

왕성교회는 현재 CI 적용 부분에 있어서 지속적이고 체계적
인 관리를 필요로 하고 있으며, 새롭게 건축되어질 교회에 시각
이미지 시스템을 구체적으로 적용하는 작업 등의 과제를 남겨
두고 있다.

교회 및 선교기관 디자인 개발 사례

사랑의교회

사랑의교회 CI개발은 지금은 고인이 되신 서울여대 미대 학장이셨던 김진평 교수님을 중심으로 필자를 포함한 여러 명의 자문위원단이 구성되어서 이루어진 작업이었다. 그리스도의 보혈을 심벌의 컨셉으로 정해 작업을 진행하였고 그 결과 지금 현재 사용하고 있는 CI가 결정되었다.

사랑의교회 CI를 개발하는 과정에서 김진평 교수님의 온화한 인품과 겸손함을 가까이 할 수 있었던 것이 개인적으로는 귀한 경험이었다. 지금 사용 중인 사랑의교회 한글 로고체는 한글 글꼴 연구의 대가이셨던 고 김진평 교수님의 작품으로서 조형성과 독창성에 있어서 한국 교회의 어떤 글씨체보다도 뛰어난 작품으로 평가되고 있다.

사랑의교회 CI가 완성된 후 교회에서는 전 교인을 대상으로 왜 교회에 새로운 이미지 정립이 필요한가를 설명하고 계몽함으로써 전교

인의 관심을 고취시키며 교회 공동체가 추구하는 비전을 공유하는 새로운 계기로 삼게 되었다. 사랑의교회 심벌은 동일한 제자훈련 목회철학으로 성장되어가고 있는 미국 남가주 사랑의교회와 함께 사용되고 있다.

주차 안내원이 사용하는 모자에 적용된 심벌

현재 사랑의교회는 개발된 CI를 교회의 차량 사인, 도로용 교회 안내 유도 사인, 유니폼, 교회 내 공중전화박스, 휴지통, 교회직원 모자, 이름표, 명함, 교회 주보, 서식류, 각종 홍보 인쇄물, 교패, 주차스티커, 정기 간행물, 인터넷 홈페이지 등에 체계적으로 적용하고 있다. 그리고 교회 내에 자체적으로 편집실을 두고 여러 디자인물이나 인쇄물에 효과적이고 정확한 CI를 적용하기 위해 지속적인 관리를 하고 있다. 또한 디자인 위원회가 구성되어 있어 정기적으로 교회의 디자인 매체를 진단하고 새로운 방안을 기획하여 지속적인 디자인 적용에 관심을 기울이고 있다.

사랑의교회는 서초구청으로부터 서초 종합사회복지관의 관리자로 선정되어 교회의 사회 봉사 측면에서 대외적인 신뢰도를 높여가고 있다. 서초 지역주민에게 긍정적인 교회 이미지를 심어가는 데 있어서 CI의 역할이 나름대로 의미 있는 비중을 차지하고 있다. 사랑의교회 CI는 교회가 대사회적인 측면에서 어떤 이미지로 각인 되어야 하는지를 염두에 두고 개발되어진 시각 이미지 개발 사례라 할 수 있다. 작업과정 중에 상징화 할 교회 이미지의 컨셉을 끌어내는 데 2개월 정도가 소요되었으며 스케치안을 두고 여러 차례의 협의를 통해 심벌이 결정되었다. 사랑의교회 CI는 현재 사랑의교회 시스템을 주목하는 많은 중소 교회들에게 표본 적인 사례로 알려지고 있다.

금란교회

금 란교회는 1999년 12월 새 성전 준공과 더불어 새로운 CI를 체세적으로 도입하였다.

지금의 이화여자대학교를 설립한 고 김활란 박사의 뜻에 따라 망우리에 세워진 금란교회는 현재 8만 명의 재적 성도가 있는 세계적 규모의 감리교회이다. 이 교회는 망우리라는 지역적 특성을 반영하듯이 성도들이 중산층으로 구성되어 있다.

그동안 체계적인 CI 디자인이 도입되지 못하고 있다가 새 교회 건물에 적용되어질 시각물들을 표준화시키기 위하여 CI를 도입하게 되었다. 금란교회는 현재 국내교회 CI 개발 사례 가운데서는 가장 광범위하게 40여가지의 어플리케이션 아이템을 개발하였다.

금란교회 CI에서는 새로운 성전을 신축 중인 상황을 고려하여 베이직 시스템, 어플리케이션 시스템이 종합적으로 제안되었고, 특히 교회의 신축 규모에 적합한 내외부 사인 시스템 체계화에 큰 비

중을 두고 디자인이 개발되었다.

　금란교회의 경우 8만명의 성도들이 지역사회의 구성원으로서 가지는 선교사역의 의미를 고려할 때 시각적 통일화는 중요한 문제였다.

　금란교회의 CI는 6개월의 개발기간을 거쳐서 완성되었다. 교회 주일학교 어린이들을 위하여 다양한 캐릭터를 디자인하여 모자, 가방, 티셔츠 등에 사용하였고 효과적인 선교의 도구로 활용될 수 있도록 하였다. 금란교회는 CI로 교회의 모든 시각물, 신축 교회 내부 패찰 사인, 외부 유도 사인, 전면 사인 등에 적용되도록 하였다. 금란교회는 감리교회를 대표하는 교회의 위상에 부합되도록 새로운 교회 디자인 체계를 도입함으로써, 감리교회에 소속된 많은 교회들에게 교회 시각 이미지 도입의 모델이 되었다고 본다.

크리스천 치유목회 연구원

"나를 살리고 가정을 살리고 교회를 살린다"는 슬로건을 바탕으로 치유사역을 적극 담당하여 한국 교회로부터 많은 관심을 받고 있는 크리스천 치유목회 연구원은 새천년을 맞이하면서 새로운 디자인 시스템을 도입하였다. 크리스천 치유목회 연구원에서는 많은 개교회 목사님, 사모, 평신도 등 다양한 층의 학생들이 치유 강좌와 세미나를 통하여 교육을 받고 있으며, 이분들은 교회와 가정으로 돌아가서 긍정적인 영향력을 주고 있다.

크리스천 치유목회 연구원 사역의 가장 큰 줄기는 상처 입은 많은 현대인들과 목회자, 가정에 치유의 열쇠로 예수 그리스도의 진정한 사랑을 제시하고 이로써 치유사역이 이루어지도록 하는 것인데 이를 심벌 디자인에 적용하도록 요청 받았다. 그리하여 지

사단법인 **크리스찬 치유목회연구원**
CHRISTIAN HEALING MINISTRY INSTITUTE

Listening & Healing
movement

당신의 마음 깊은곳에 있는
고통의 소리를 듣고 있습니다

금의 새로운 심벌이 만들어졌고 모든 홍보 매체에 체계적으로 적용되고 있다. 또한 Listening and Healing Movement를 보다 시각적으로 주목하도록 돕는 엠블럼을 제작하여 포스터, 회지, 대형 배너 등에 넣도록 하였다.

또한 그동안 배포되어 오던 "상담과 치유" 소식지를 전면 칼라 디자인으로 바꾸어 정보를 효과적으로 전달하도록 하였고, 상담과 치유에 관심이 있는 독자들에게 크리스천 치유목회 연구원을 효과적으로 소개하도록 하였다.

크리스천 치유목회 연구원은 홍보에 있어서 새로운 시도를 많이 하고 있는데 그 가운데서도 특별히 배너를 디자인하여 사역을 효과적으로 홍보하는 데 적극 이용하고 있다. 우리가 흔히 깃발로 이해하는 배너는 건강한 느낌을 주는 데 효과적이다.

또한 치유사역의 정확한 홍보를 위하여 며칠에 걸쳐서 전문 포토스튜디오에서 치유프로그램을 경험한 학생들을 모델로 많은 사진을 촬영하여 각종 홍보 매체에 사용하고 있다. 이것은 그동안 특별한 기획 없이 무계획적으로 사진을 사용해오던 기존의 기독교 단체와 차이를 보이는 부분이다.

치유목회 연구원의 경우는 이런 면들을 종합해 볼 때 상당히 적극적으로 CI가 적용되어진 구체적인 사례라는 측면에서 많은 가치를 가지고 있다.

성장하는 교회 디자인을 배우라

앞으로 교회 이미지 쇄신을 위하여 교회에서도 이런 사례들
을 적용해 보는 것이 필요하다고 확신한다.

창작 뮤지컬 "He" 디자인

창작 뮤지컬 "He"는 국내 교회 사상 유례 없이 뮤지컬을 통하여 예수 그리스도의 생애를 표현했다는 점에 그 남다른 의미가 있었던 작품이다. 방대한 규모의 연기자들이 투입되었고, 오케스트라가 직접 연주하여 뮤지컬의 극적인 부분을 더욱 효과적으로 표현했으며, 스텝들도 각 방면에서 두각을 나타내는 전문가들로 구성된 초유의 작품이었다.

창작뮤지컬 He("그")는 작품 제목에서부터 기존에 사용되어 오던 일반적인 느낌을 과감히 탈피하는 신선한 시도를 했는데, 우선 일반인들에게도 접근이 가능한 제목을 정함으로써 선입견을 가지고 작품을 외면하지 않도록 힘썼다.

홍보에 사용하기 위해 강하고 원색적인 심볼을 디자인하였는데, 예수 그리스도를 상징하는 He라는 글자를 심벌 내부에 배치하였고 "그분은 우리의 소망(He is our Hope)"이라는 문구를 둘레에 삽입함으로써 복음전도의 의미를 간접적이면서도 강렬하게 암시하였다.

창작 뮤지컬 "He"는 유례 없이 TV광고를 통해 방송되었는데 광고 맨 마지막 부분에 심벌을 보여줌으로써 사람들에게 창작 뮤지컬 "그"가 가지는 이미지를 심기 위해 노력하였다. 공연이 시작되기 전 서울시내 각 곳에 플래카드를 50개 이상 부착하였으며 공연장 진입로인 양재 사거리 골프장에 He심벌이 그려진 초대형 배너를 달아 He를 일반대중들에게 계속 알려나갔다. 역시 공연장 내부에도 He 배너가 곳곳에 설치되었다.

He의 디자인 전략은 사람들에게 많은 호응을 얻었으며, 뮤지컬 포스터, 티켓, 전단지, 버튼, CD, 카세트, 배너, 플래카드 등에 동일한 아이덴티티를 가지고 체계적으로 적용되었고, 성공적인 사례로 남는 호평을 받았다.

또한 공연기간 내내 쇠석이 매신뇌어 관색동원 년에서도 만족할 만한 성과를 확인하게 되었다. 이처럼 He를 통하여 기독교 공연 문화에서 CI를 기반으로 한 체계적인 광고 홍보 전략이 주는 의미와 가능성이 확인되었다. 이와같은 시도가 앞으로도 계속되기를 바란다.

극동방송

극동방송은 한국 방송선교를 대표하는 방송국으로서, 그 위상에 걸맞는 이미지 작업을 진행하였다. 여러 가지 조사를 거치며 극동방송의 영문이니셜인 FEBC(Far East BroadCasting Company)를 기본 개념으로하여 구체적인 디자인 작업에 들어갔다 .

극동방송은 미주 극동방송에서 사용하던 심벌과 병행하여 사용할 것을 기본적인 방침으로 하였다. 한국에서 사용하는 심벌은 국제 심벌을 유지하면서 여러 매체에 적용할 수 있도록 개발하였다.

극동방송은 한국의 기독교 방송국 사상 최초로 CI를 체계적으로 도입했다. 또한 서울 이외의 지방 방송지사에도 동일한 CI를 적용할 수 있도록 매뉴얼화하여 디자인 시스템을 개발하였다. 극동방송은 복된 소식을 전하는 아기 천사의 모습을 귀엽고 친근하게 캐릭터로 디자인하여서

방송국 스티커나 홍보매체에
적용하도록 했다.

극동 방송의 경우 CI 메뉴
얼 시스템을 활발하게 개발하
여 다양한 적용의 가능성을 열
어 두었음에도 불구하고 선교방송이라는 매체 특성 상의 문제
와 홍보를 위한 예산확보의 어려움으로 인하여 CI 적용이 상당
히 약화되었다는 아쉬움이 있다. 교회 관련 단체의 CI를 진행하
면서 느끼는 것은 CI는 개발부터 적용을 개념에 두고 출발해야
하지만 제한된 예산으로 인해 막상 적용단계에 이르면 대규모
의 시각 개선 작업에 어려움이 생긴다는 것이다. 더욱 효과적인
방송선교를 위하여 적극적인 니사인이 적용될 것을 기대한다.

나눔교회

나눔교회는 정릉 산 위에 있던 탄포리 교회가 지역 주민을 위하여 산 아래로 내려오면서 새롭게 지은 이름이다. "나눔 없는 사랑은 의미가 없다", "그리스도의 사랑만이 우리가 나눌 선물이다". 나눔교회는 이러한 목회의 비전과 철학을 지역 주민들과 효과적으로 커뮤니케이션하길 원했다. 교회의 이름이 변경됨에 따라 교회의 로고도 나눔이란 글자를 이용하여 디자인하였다.

새롭게 소개되는 교회의 리플렛을 만들기 위해서 40명 이상의 성도들이 사진 스튜디오에 모여서 10시간 동안 디자인 컨셉에 따라 수백 컷의 사진을 촬영하였다. 사진은 나눔교회의 새로운 의지를 보다 분명하고 효과적으로 알리는 데 주안점을 맞추어 촬영되었다. 성도들의 표정에 있어서도 일반 모델 이상으로 은혜로우면서도 세련된 이미지를 표현하도록 해서 일반인들이 보았을 때 가질지도 모르는 거부감과 생소한 느낌을 줄

나눔교회
NaNum Presbyterian Church

였다. 사진을 촬영하면서 그동안 교회가 이처럼 무한한 잠재 모델들의 가능성을 활용하지 못했음을 생각하게 되었다.

이런 준비 과정을 거쳐서 나눔교회의 리플렛이 제작되었다. 리플렛 전면에는 "감격을 나누고 싶습니다"라는 제목을 배치하여 교회의 목회 철학을 대변하도록 했다. 심벌은 나눔이란 단어를 시각화 하여 교회가 가장 중요하게 생각하는 가치가 쉽게 전달될 수 있다록 하였다.

나눔교회 전도용 엽서

나눔교회의 디자인 작업은 교회의 규모와 상관 없이 디자인을 문서선교의 도구로 사용할 수 있음을 보여주는 좋은 사례라고 할 수 있다. 지금도 규모 있는 교회 홍보는 대형 교회의 전유물이라고 생각하는 경우가 많다. 그러나 실제로는 얼마만큼 열려있는 사고를 전개하느냐가 중요한 것이고, 교인들이 함께 동참함으로써 디자인 작업의 과정을 직접 경험하게 되는 것이 더욱 의미 있는 것이다. 나눔교회는 문서사역을 통하여 지역 주민들에게 나눔의 철학을 더욱 구체적으로 알려가려고 한다.

목동 지구촌교회

"**하**"나님으로부터 큰 것을 기대하고 하나님을 위하여 큰 것을 시도하라"

"나는 오늘도 꿈을 갖고 있다. (I have a Dream today)"

꿈을 갖는다는 것은 긍정적 인생관을 갖는 것이며, 가능성을 믿는 것이며, 미래를 보는 것이다. 이것이 꿈의 철학을 가지고 세워진 목동 지구촌 교회의 목회 철학이다. '지구촌 선교센터'는 예배당 건물을 소유하는 교회가 아니라 사용하는 교회라는 컨셉을 가지고 건립되었다. 또한 지구촌교회는 21세기 제3의 천년 시대를 맞이하여, 새로운 주역으로 등장하는 젊은이들을 위하여 모든 문을 개방하는 열린 교회를 추구하였다.

지구촌 선교센터는 청소년들의 독서실과 쉼터, 문화 공간, 지역 주민들과 직장인들의 휴식처, 생활 공간, 결혼식장 등의 제반 편의 시설을 제공하기 위해 24시간 활용되고 있다. 지구촌 선교센터는 이런 건립 의지에 따라서 처음 건축설계에서부터 건물 내외부에 그래픽 디자인이 적용되는 부분을 배려하고 있다. 우선 각 층별로 특성을 나타내는 주제를 설정하고 대형 디자인 프레임을 설치하여 엘리베이터에서 내릴 때 그 층의 특성을 보여준다. 그로 인하여 방문하는 사람들에게 비전을 공유할 수 있도록 유도한다.

건물 외부 벽면에는 한국 교회 사상 유례가 없는 최초의 대형 배너 프레임을 설치하였다. 가로 13m 세로 9m 크기의 초대형 배너이다. 이 배너는 목동을 지나가는 많은 사람들에게 선교센터의 기능을 새롭게 알리며 광고판의 역할을 하고 있다. 이 대형 빌보드 광고판에 쓰일 광고 문안도 좀 더 신선하고 참신하게 접근하였다. "꿈과 비전과 사랑이 있는 교회"라는 카피는 목동 지구촌교회의 벤처목회 철학을 적절하게 전달하고 있다.

지구촌 선교센터의 대형 디자인 프로젝트를 위하여 지구촌교회에서 파송한 인도네시아 선교사를 광고 모델로 신징하여 세계선교를 향한 지구촌 선교센터의 선교의지를 표현하였다.

목동 지구촌교회 세미나실 벽면에 설치되어 있는 대형 메시지 디자인 배너

또한 지구촌교회 성도들 가운데 50여명이 모델로 자원하여 디자인 주제와 적합한 사진 장면을 연출하였다. 이것은 교회 디자인에 있어서 사진이 차지하는 높은 비중과 대외적인 신뢰도를 염두에 둔 중요한 작업이었다. 지구촌 교회의 디자인 작업은 3개월에서 6개월 간격으로 선교적인 관점에서 새롭게 광고를 제작해 설치한다는 기본 계획 아래서 진행되었다. 이것은 실로 상당한 재정을 필요로 하는 작업이었다. 하지만 목동 지구촌교회는 공간이 미리 준비된 상태에서 디자인이 체계적으로 진행됨으로써 그 시도가 가진 의미가 남달랐다. 이제는 교회에 복음을 실어 나르는 디자인의 역할이 절실한 때가 되었다. 이렇게 지역 주민들을 향하여 환하게 열려있는 광고를 통해서 교회가 새롭게 변화되어 가고 있음을 보여주고 이웃을 향해 섬기는 적극적인 모습을 인식시켜 가야 하는 것이다.

우리는 광고의 부정적인 요인이 더 많이 존재하는 광고 홍수

지구촌교회 내부 벽면에 설치된 대형 메시지 배너

시대에 살고 있다. 교회가 복음이라는 영원한 주제를 가지고 세상을 향하여 건강하게 광고한다면 그것은 가치 있고 귀한 일이 되겠지만 실천해보지도 않고 부정적인 요인만 떠올린다면 여전히 이원론적인 탁상공론에 머무르게 될 것이다.

목동 지구촌교회가 건립한 지구촌 선교센터는 그동안 소극적이고 단편적인 한국 교회의 홍보 방법을 과감하게 탈피하여 벤처목회에 합당한 홍보 전략을 계획하고 실행하였다. 그 홍보는 결국 개교회의 홍보차원을 뛰어넘어 하나님의 이름이 더 높게 소개되는 결과로 나타나 성공적인 사례가 되었다. 또한 여러 교회에 교회 디자인의 모델을 제시함으로써, 교회가 세상에 알려야할 구체적인 메시지를 가져야 한다는 도전을 주었다. 지구촌 신교센터의 디자인 프로젝드는 담임목회자의 진보적인 생각과 교회가 디자이너의 창의적인 재능을 전폭적으로 신뢰해주고 지원해 줌으로써 이루어진 소중한 결과로 볼 수 있다.

교회성장연구소

명 성훈 목사님이 소장으로 있는 교회성장연구소는 창립 5주년을 맞이하여 한국 교회를 향한 새로운 이미지 정립이 요구되었다. 이미지 작업을 위한 논의 과정을 거치며 심벌마크, 5주년 기념 엠블럼, 연구소 캐릭터 등을 개발하기로 결정되었다.

'모든 교회의 성장을 효율적으로 돕는 기관의 이미지를 현대적인 조형으로 디자인한다' 라는 전제 아래 여러 시안들이 만들어지고 최종적으로 지금의 심벌이 결정되었다. 교회성장연구소는 디자인 된 심벌과 캐릭터 등을 5주년 기념 영상물 디자인에도 효과적으로 적용하여 행사에 참여했던 많은 교계지도자와 평신도들에게 좋은 반응을 얻었다.

그리고 신문광고를 통한 지속적인 이미지 전달로 인하여 이제 많은 사람들이 교회성장연구소의 심벌과 캐릭

터를 자연스럽게 기억하게 되었다. 이렇게 꾸준히 사용하였기 때문에 사람들의 생각 속에 교회성장연구소의 이미지가 기억될 수 있었다. 그리고 교회성장연구소는 전문적인 사역을 알리는 보조적인 요소로서 캐릭터를 적극적으로 활용하고 있다.

기독교연합신문

대부분의 기독교 관련 신문들을 보면 신문의 얼굴이라고 할 수 있는 제호 디자인에 거의 비슷한 붓글씨체를 사용해오고 있다. 또한 그런 로고를 바꾸어서는 안되는 것으로 인식하는 경향이 강하다. 이런 형태의 신문은 크리스천들에게조차도 구독의 동기를 많이 주지 못하고 있다. 기독교연합신문도 역시 제호에 붓글씨체를 사용하고 있었는데 처음 제호를 보는 순간 북한에서 발행되는 신문의 분위기가 연상되었다. 그만큼 신문의 첫 얼굴이 주는 느낌은 중요하다.

신문의 제호가 변경되어야 하는 시급성을 제안하였을 때, 다행히 사내에서 그 필요성을 공감하고 있었다. 이 신문사는 현재 사용 중인 제호디자인으로 변경한 후에 독자들이 젊은 층으로 확대되는 상당히 긍정적인 결과를 얻게 되었다.

기독교연합신문
THE UNITED CHRISTIAN NEWSPAPER

북수원교회

북 수원 교회는 교회의 모든 사역에서 디자인을 장기적으로 활용하기 위해서 오랫동안 계획하고 검토하여 교회의 이미지를 새롭게 바꾸어 나가고 있다. 새천년의 비전을 '말씀 안에서 기적을 일으키는 교회'로 삼고 성도들에게 이러한 교회의 비전을 인식시키기 위해서 대형배너를 디자인해서 교회 예배당 입구에 부착토록 하였다. 성도들이 교회에 예배를 드리기 위해서 출입할 때마다 이런 교회의 목회비전을 함께 나누고 기억함으로써 자연스럽게 하나되는 공동체 의식을 가지게 되는 효과를 거두고 있다.

또한 인근 아파트단지에 전도를 나갈 때 교회의 심벌이 디자인 된 이름표를 달고 다님으로써 지역 주민들에게 교회의 변화되는 이미지를 심어주고 있다. 북수원 교회는 수원지역에서는 드물게 교회 디자인을 선교의 적극적인 도구로 사용하고 있다. 북수원

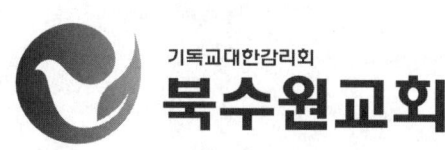

교회 내부에 부착되어있는 배너

교회는 성도들이 새신자의 가정을 방문할 때 새로운 디자인으로 제작된 액자를 선물로 나누어 주고 매년마다 새로운 목회의 방향을 담은 배너를 디자인하여 각 부서 및 교회 내외부 벽면에 부착해 두고 있다. 성도들과 새신자들이 교회 공간에 머무는 동안 이 배너를 통해 자연스럽게 교회의 비전과 메시지를 공유하는 효과를 얻고 있다.

중동교회

부천 신시가지에 위치한 중동교회는 원래의 교회 명이 "영생교회"였다. 그린데 사회문제로 한때 충격을 주었던 영생교와 비슷한 이 이름으로 말미암아 지역사 회에서 오해를 받은 적이 많았다. 그래서 지역의 이름을 따서 중동교회로 교회명을 새롭게 바꾸게 되었다. 그동안 교회 이름 으로 인해 불필요한 오해의 소지가 있었던 부분을 개선하고, 전 교인들이 새로운 교회 이미지를 가지고 지역사회에서 복음을 전하고자 CI를 도입하였다. 또한 부천 중동지역에 젊은 신혼부 부들이 많이 산다는 특성을 감안하여 교회의 심벌 디자인을 좀 더 젊은 감각으로 디자인하자는 데 뜻을 같이 하게 되었다. 그 래서 중동의 영문 지명인 'Jung Dong'을 이용하여 디 자인하였다. 중동교회는 그 동안 써오던 낡은 교회간판 을 새롭게 디자인한 사인보 드로 교체하였다. 이제 이 지

역에서 중동교회의 사인은 단순히 간판 개념이 아닌 미적인 조형물로서의 기능을 하고 있다.

교회 디자인 문화 도입의 개선방안

앞에서 한국 교회와 교회 관련 단체의 디자인 개선 방안을 찾기 위해 노력한 것을 나름대로 의미있게 생각한다. 정보화시대는 보고 느끼고 체험하는 시대이다. 건강한 칼라와 가독성 높은 디자인 매체는 보는 사람들의 기억 속에 강하게 자리잡는다. 새천년에는 새로운 교회 디자인 문화를 개발하여 아름다움의 혁신이 일어나게 해야 한다.

교회 디자인 문화 도입을 위한 방향을 다음과 같이 제시한다.

첫째, 교회는 21세기 정보화사회로 가는 길목에서 시각적 변화의 필요성을 인식해야 한다. 교회의 모든 구성원들이 균형 있게 문화적 변화에 동참할 수 있도록 기회를 제공받아야 한다. 디자인 문화 교육과 계몽을 통하여 새로운 디자인의 중요성을 교역자와 성도들에게 인식시키고 참여하도록 독려해야한다.

둘째, 교회의 목회를 담당하는 담임 목회자들이 교회 디자인 문화의 변화를 적극 외쳐야 한다. 지속적인 관심을 가지고 교회 디자인 문화가 어떻게 적용될 수 있는지 검토해야 한다. 또한 교회의 중심적인 의사결정 기관인 당회에서 교회 디자인개선에 관심을 가져야 한다. 장기적인 디자인 문화 개선 목표를 설정하여 하나님 나라의 아름다움을 직간접적으로 전달해야 한다.

셋째, 교회 디자인 문화를 수용하고 발전시키기 위해 실제적인 재정을 확보하고 지원해야 한다. 교회 디자인 문화 발전을 위한 지원은 결코 소모가 아니며 다음 세대를 위한 작업이기 때문이다. 디자인과 예술을 바라보는 새로운 안목을 기르는 데 교회가 도움을 주어야 하며 모든 피조 세계가 보여 주는 아름다움의 본질은 하나님이심을 인정하도록 도와야 한다.

넷째, 교회 디자인 문화를 열어나갈 전문가를 키워야 한다. 단순히 멋있는 디자인을 생산해내는 사람을 키우는 것이 아니라 영성과 재능을 겸비한 진정한 디자인 전문가를 양육해야 한다. 이 시대를 향하여 영감 넘치는 디자인을 표현해낼 수 있는 디자이너의 양성은 우리 교회와 크리스천 공동체의 책임인 것이다.

그리하여 교회 안에서 복음 디자인을 통해 하나님의 창조적 열정을 본받아 이 세상을 향한 위대한 메시지를 전달해야 한다.

교회 디자인 설문조사와 분석자료
- 2002년 7월

1) 조사방법 및 대상

교회 디자인의 개선이 크리스천들에게 미치는 영향과 디자인에 대한 인식을 객관적으로 조사하기 위해서 교회에 다니고 있는 젊은 층을 대상으로 의견을 수렴하였다.

설문을 위해 서울 강남과 강북 지역에 있는 교회를 대상으로 직접 방문하여 크리스천 100명에게 설문지 조사를 실시하였다. 본 설문 조사 과정에서 시각 이미지에 대한 이해를 돕기 위해 설문 응답자가 잘 이해하지 못하는 단어나 개념은 객관성을 가지고 참고적으로 설명해 주었다. 본 조사는 교회 시각 이미지 개선에 관한 이해와 개념 정립, 교회에 시각이미지를 적극적으로 적용하는 데 관한 관심도를 조사하고자 하였다.

조사 대상은 20대에서부터 40대까지의 교회의 중심적인 연령층으로 하였으며 설문지 회수율은 100%를 보였다.

설문조사 대상의 기초자료
1. 성별

남자 59%

여자 41%

계 100% (100명)

2. 연령별

21~25세 17%

26~30세 28%

31~35세 25%

36~40세 26%

41세이상 4%

3. 직업별

학생 12%

회사원 25%

목회자 11%

디자이너 10%

기타(주부, 간사, 자영업 등) 42%

2) 교회 디자인에 관한 인지도

"교회의 시각 이미지 개선작업이 필요하다고 생각하십니까?" 하는 질문에는 "반드시 필요하다"가 53% , "약간 필요하다"가 41% 를 차지함으로 전반적으로 교회의 시각 이미지 개선을 필요로 하는 것으로 나타났다.

"현재 한국 교회들의 심벌마크 수준을 어떻게 생각하십니까?"라는 질문에 42%가 "수준이 낮다"라고 답했으며 41%가 "보통수준"이라고 답하여 전체적인 교회의 심벌 디자인 수준이 낙후되어 있음을 알게 되었다. 대부분의 교회는 특정한 심벌이 없었으며 교회 시각 이미지의 변화를 필요로 한다는 것을 느끼게 하였다.

"낙후된 교회 디자인이 일반적인 교회 이미지에 부정적인 영향을 끼친다고 생각하십니까?"라는 질문에 응답자 중에 75%가 영향을 끼친다고 답함으로서 교회가 대내외적으로 시각 이미지를 정리할 필요가 있다는 사실을 알게 되었다. 그리고 교회 디자인이 낙후되어 있을 때 앞으로의 미래 목회에서 그 대안이 반드시 있어야 함을 인정하는 답변임을 알 수 있었다.

3) 교회 디자인 적용의 인식도에 관한 분석

"현재 교회 안에서 정확한 안내 사인이 필요하다고 생각하십니까?"라는 질문에 대하여 94%가 필요하다고 답함으로서 교회 안에 여러 부서가 종합적으로 안내되어 있는 인포메이션 사인에 대한 절대적인 필요성을 나타내었다. 실제 서울의 몇몇 대형 교회를 제외한 대부분의 교회는 실외, 실내 사인의 개념이 상당히 희박한 상태로 나타났다. 향후 교회 시각 이미지가 도입된 후에도 사인 시스템 체계가 시급히 해결되어야 한다는 것을 공감하게 되었다.

"교회 인터넷 사이트 안에 교회 심벌의 적용이 필요하다고 생각하십니까?"라는 질문에는 94%가 필요하다고 답함으로서 20대에서 40대에 걸쳐 인터넷 홈페이지에 대하여 폭발적인 관심이 있음을 나타내었다. 특히 N세대가 보편화 되어 가는 글로벌 네트워크 시대에 인터넷 홈페이지는 교회를 홍보하고 인지시키는 데 매우 중요한 시각 정보의 교류수단으로 각광받을 수 있음을 예측하게 되었고 현재 적지 않은 교회들이 나름대로의 인터넷 홈페이지 사이트를 개설하여 사용 중임을 시사하였다.

"교회의 목회 비전과 철학이 담겨 있는 심벌 마크가 교회를 대내외적으로 홍보하는 데 효과적이라고 생각하십니까?"라는 질문에 응답자의 92%가 효과적이라고 답함으로서 교회의 심벌이 시각 커뮤니케이션의 중요한 수단으로서 사용되어져야 함을 인정하는 조사 결과가 나왔다. 이러한 결과를 참고해 볼 때 교회의 시각 이미지가 보다 높은 조형성과 완성도를 가지고 제작되어져서 효율적인 시각 커뮤니케이션의 수단으로 사용되어야 함을 인식하게 되었다.

최근에 디자인되어 나름대로 알려진 몇 개의 심벌을 제시하고 질문한 "아래의 최근에 새롭게 디자인된 교회의 심벌들을 보고 어떻게 생각하십니까"라는 항목에서는 "현대적인 느낌이다" 32% "세련된 느낌이다" 25% "심플한 느낌이다"가 29%를 차지하여 고른 분포의 만족성을 보여주었다.

4) 일반 대상과 커뮤니케이션 관점에 관한 분석

"일반 기업 심벌과 교회 심벌의 가장 중요한 차이점은 무엇이라 생각하십니까?"라는 질문에 대하여 응답자의 27%가 "진실된 이미지"를 선택하였고 65%가 "영적인 이미지"를 차이점이라고 응답함으로서 영적인 공동체의 성격을 더욱 중요시하고 있음을 알 수 있었다. 기타 "세련된 이미지"나 "희생하는 이미지"에 대한 응답은 각각 5%, 3%를 차지하였다. 교회의 영적인 이미지를 시각화하는 것이 일반 기업의 심벌과 다소 차이가 있었으며 실제로 영적이란 표현 자체가 시각화하기에 적지 않은 어려움을 포함하고 있다.

"그동안 교회에서 만들어진 심벌 마크나 인쇄물에서 느껴지는 디자인의 분위기를 어떻게 생각하십니까?"라는 질문을 통해 그동안의 교회 인쇄물에 대한 느낌을 알아보고자 하였다. 이 질문에서는 52%가 "세련되지 못하다"는 항목을 선택하였으며 "배타적인 이미지"가 13% "권위적인 이미지"가 22% "적극적인 이미지"가 13%를 각각 차지하였다. 이 질문에서 기존의 크리스천들이 교회의 심벌이나 인쇄매체에서 불만을 느끼고 있는 것이 드러났다. 이처럼 교회 자체 내에서도 만족도가 떨어지는 시각물들을 개선해 일반인들에게 친근하고 부담 없이 전달하기 위해서는 교회에서도 깊은 관심과 투자의 마인드를 가지고 힘을 쏟아야 할 것이다.

전도 방법에 있어서 "새로운 교회 시각 디자인으로 적극적인 커뮤니케이션을 시도하여 디기기는 것이 필요하다고 생각하는가"라는 질문에서는 놀랍게도 응답한 크리스천의 98%가 "필요하다고 생각한다"를 선택하였다. 이는 그동안 교회가 오랜 전통과 역사를 자랑해 왔지만 교회의 시각 디자인으로 사회와 더불어 적극적인 의사소통을 해 온 경험이 부족하다는 데 그 근거를 두고 있다. 이 설문에서 시각 디자인이 교회와 사회를 잇는 커뮤니케이션의 진지한 방법으로서 연구 개발되어져야 하는 길목에 놓여 있음을 확인하게 되었다.

비기독교인들이 교회를 선택하는 기준에는 여러가지 복합적인 요인이 작용하고 있는 것이 오늘의 현실이다. "비기독교인이 교회를 선택하는 기준에서 교회의 시각 이미지가 영향을 끼치는가"하는 질문하였다. 응답자의 51%가 "영향을 끼친다"고 하였으며, "약간 끼친다"가 40%로 나타났다. 이것은 결국 어떤 형태로든 교회의 우호적인 이미지에 시각 이미지가 영향을 끼친다는 조사 결과라고 볼 수 있다.

교회와 광고의 접촉시도라는 측면에서 "시각 이미지를 도입한 교회가 교회와 사회를 위하여 순수한 공익성 광고를 실시하면 어떨까"라는 질문에 응답자의 47%가 "좋게 생각한다"고 하였으며, 45%가 "경우에 따라서 필요하다"고 답하였다. 이는 앞으로 교회가 사회 전반에 걸친 여러 문제를 공익을 위하면서 종교적인 관점에서 시대적 언어로 재해석하여 광고로 제작하는 데 필요를 느끼고 관심을 가지고 있음을 나타내는 조사 결과라고 할 수 있다.

"현재 교회의 시각 이미지 중에서 어느 분야가 가장 시급하게 개선되어야 한다고 생각하십니까?"라는 질문에 "교회 광고 홍보물"이 54%로 제일 시급하게 개선이 필요한 분야로 지적되었으며 "교회실내디자인" 19% "교회 인터넷 홈페이지" 15% "교회심벌마크" 12%의 순으로 결과가 나타났다. 이는 광고 홍보물에 들어가는 시각이미지 관리체계의 필요성과도 연결된다고 볼 수 있다. 그리고 교회 실내 디자인과 인터넷 홈페이지에 대한 디자인 개선 요구가 크다는 사실도 알 수 있었다.

마지막 질문으로 교회 디자인 연구소의 설립에 대한 질문에 대하여 전체 응답자의 93%가 "전문 디자인 연구소 설립이 필요하다"고 답하였다. 이는 그동안 교회가 교회 디자인의 체계에 관하여 무관심하게 생각하였고 교회 이미지 디자인이 더 이상 방치 될 수 없다는 일반적인 크리스천의 입장을 나타내는 결과로 이해할 수 있다.

이와 같은 현황 분석과 설문조사의 분석을 통하여 다음과 같은 교회 시각 이미지 체계의 가이드 라인을 나름대로 추출하였다.

첫째는 교회 디자인 문화가 전반적으로 개선되어져야 한다는 필요를 느끼는 시점에 도달했다라는 점이다. 교회는 그동안 대외적으로 교회의 진정한 위상과 가치를 알리는 일에 소홀히 해온 점을 인정하고 새로운 21세기에 부합되는 시각 이미지 개발에 관심을 가져야 함을 인정해야 할 것이다. 성도들의 지속적인 관심과 실행하려는 의지를 통하여 새로운 교회 시각 문화가 자리를 잡아야 하는 시점에 돌입한 것을 성도들이 공감하고 있음을 알 수 있었다.

둘째는 시각 이미지의 적용에 대한 깊은 관심이다. 교회도 날로 발전하는 첨단 매체의 기능을 바르게 이해하면서 교회 안에서 이루어지는 다양한 사역을 좀 더 비주얼하게 제시하여 교회 안의 성도들과 교회를 새롭게 찾는 사람들에게 도움을 주어야 한다. 비주얼 언어는 모든 사람들이 공통적으로 이해하고 수용하는 만국 공통어라는 점에서 특별히 교회에서의 시각 이미지의 개발과 적용은 중요한 해결 과제이다.

셋째는 일반인들과의 커뮤니케이션 도구로서 디자인이 필요하다는 공감대의 인식이다. 가능한 한 일반 이미지와 교회 이미지라는 흑백논리를 배제하고 기독교에서도 커뮤니케이션의 수단으로 시각 디자인이 필요하다는 인식의 공감대가 확산되어 가고 있는 현실을 수용해야 할 것이다. 디자인의 범세계성과 보편성을 인정하는 분위기가 지금의 교회 안에서 요구되고 있다는 것을 돌아 보아야 한다. 그리고 이러한 필요는 교회 안에 신세대의 숫자가 늘어가고 있고 그들의 필요를 융통성 있게 수용하는 분위기가 확산되고 있다는 현실에서 잘 나타나고 있는 것이다.

교회 내 구성원들은 교회 디자인의 필요를 느끼면서도 실제로 어디에서부터 적용해야 하는지에 대한 전문지식이 부족하여 그 필요를 체계적으로 해결하지 못하는 문제가 있다.

그리고 교회를 이끌어 가는 리더 집단의 디자인에 대한 인식이 부족하면 새로운 대안을 제시하는 것이 어려운 실정이다. 결국은 디자인의 필요성을 인식하고 문제를 제기하는 디자인 전문가의 변화된 시각이 교회 디자인 발전에 중요한 영향을 끼칠 수 있으리라고 생각한다.

21세기 문화의 시대에 교회도 세상을 향한 디자인 전략을 세워야 하며, 교회에서 디자인 활동이 지향해야 할 목표를 설정해 가야 한다. 교회의 디자인 목표를 세우고, 그것을 이루는 데 필요한 자원을 확보하여 운용하는 방법을 결정해야 하며, 지속적인 관심과 적극적인 투자 가운데서 교회 디자인을 통한 교회 역할의 새로운 패러다임을 확립해야 한다.

교회관련기관 디자인 개발 모음

새 중앙교회
Saejoongang Community Church

대길교회

부산기독청년연합
Union of Pusan Youth Christian

동아시아 기도
EAST ASIA'S MILLIONS

OMF 동아시아기도 제호

문화선교 화이트댄스 심벌

동해제일교회

디모데성경연구원

한국기독교연합봉사단
Christian Union Service Korea

무지개교회
Rainbow Church

영지교회

2000년 세계선교대회

예수청년 성령축제
'99 Holy Spirit Festival

한국누가회
Christian Medical Fellowship

청소년연합수련회
CCC Youth Mission Camp

한국선교신문
The Korea Mission Times